이타적 성장

: 돕는 자가 앞서간다

이타적 성장

돕는 자가 앞서간다

우명훈 지음

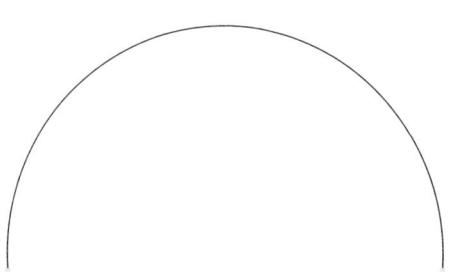

서 문

돕는 자가 가장 먼저 앞서가는 이유 :
이타적 성장으로의 초대

내 삶의 흔적이 하나의 문장이 되기까지

'이타적 성장'이라는 키워드를 마주했을 때, 저는 마치 오래도록 헤매던 길 끝에서 마침내 집을 찾은 듯한 안도감을 느꼈습니다. 돌이켜보니 지난 18년 동안 교육자로, 컨설턴트로 살아온 저의 모든 흔적은 결국 이 단어 하나로 수렴되고 있었기 때문입니다. 이 책은 단순히 지식을 전달하기 위한 결과물이 아닙니다. 누군가를 돕기 위해 분투했던 저의 치열한 기록이자, 그 과정에서 오히려 제가 더 크게 자라났던 경이로운 경험의 고백입니다.

우리는 흔히 성공하기 위해서는 타인보다 앞서야 하고, 더 많이 소유해야 한다고 배웁니다. 하지만 저는 현장에서 수많은 리더와 전문가들을 만나며 정반대의 진실을 목격했습니다. 진짜 탁월한 이들은 자신의 성공만을 위해 달리는 사람이 아니라, 자신의 유능함을 도구 삼아 타인의 성장을 돕는 사람들이었습니다. 그들은 남을 돕기 위해 자신의 전문성을 더 날카롭게 벼리고, 타인의 문제를 해결하기 위해 자신의 세계를 확장합니다. 결국, 돕는 자가 가장 먼저 그리고 가장 멀리 앞서가게 된다는 것이 제가 이 길에서 발견한 삶의 공식입니다.

우리 안에 흐르는 사랑의 본능

인간의 마음 깊은 곳에는 본능적인 '사랑의 마음'이 있습니다. 저는 인간이 창조주의 성품을 닮아, 타인의 아픔에 공감하고 도움을 건넬 때 형언할 수 없는 충만함을 느끼도록 설계되었다고 믿습니다.

이 본능은 과학적으로도 증명됩니다. 심리학자 애덤 그랜트(Adam Grant)가 강조했듯, 자신의 이익을 넘어 타인에게 기여하는 '기버(Giver)'들은 결국 더 높은 성취를 이뤄냅니다. 뇌과학에서도 타인을 돕는 행위는 뇌의 보상 회로를 자극하여 학습 능력을 극대화한다는 사실을 밝혀냈습니다.

결국 '이타적 마음'은 단순한 선의를 넘어, 우리의 전문성을 완성하는 가장 강력한 동력이 됩니다. 누군가를 돕기 위해 고민하는 과정은 콜브(Kolb)의 경험학습 모델처럼 지식을 현장의 지혜로 탈바꿈시키기 때문입니다.

이 책은 잠들어 있는 사랑의 에너지가 어떻게 '전문성'이라는 도구를 만나 세상과 연결되는지 탐구합니다. 마음만 앞서는 선의가 아니라, 누군가의 삶에 실제 변화를 일으키는 '지혜로운 도움'의 기술을 나누고자 합니다. 이 책이 파편화된 개인들을 사랑으로 잇는 마중물이 되기를 간절히 바랍니다.

성장의 네 가지 여정 : 나로부터 시작하여 세상으로

이 책은 '나'라는 작은 씨앗이 어떻게 '우리'라는 숲으로 확장되는지 네 가지 Part를 통해 안내합니다.

Part 1. [자기 이해]에서는 먼저 나 자신을 정직하게 대면하고 돕는 법을 배웁니다. 내가 먼저 건강하게 바로 서지 않으면 타인을 향한 도움은 쉽게 지치거나 왜곡될 수 있기 때문입니다.

Part 2. [심층 동기화]에서는 도움이 필요한 이들의 맥락과 마음을 읽는 법을 다룹니다. 진정한 도움은 내가 주고 싶은 것을 주는 것이 아니라, 상대가 정말 필요로 하는 곳에 주파수를 맞추는 것에서 시작됩니다.

Part 3. [해법 디자인]은 실질적인 도움을 실현하는 기술의 영역입니다. 따뜻한 마음을 구체적인 변화로 바꿔놓는 전문가적 기술과 태도를 배웁니다.

Part 4. [연대와 확장]은 이 여정의 종착역입니다. 멘토링과 커뮤니티를 통해 나의 영향력을 확장하고, 결국 우리가 함께 세상을 성장시키는 기쁨을 나눕니다.

읽는 것을 넘어 행동하는 용기에게

이 책의 마지막 장을 덮었을 때, 당신의 머릿속에 지식만 남는다면 저의 글쓰기는 실패한 것과 다름없습니다. 진짜 변화는 책에서 얻은 통찰을 삶의 현장에서 행동으로 옮길 때 시작되기 때문입니다.

그래서 저는 각 장마다 실제 제가 경험했던 사례들과 실전에 적용할 수 있는 기술들을 담고, 당신의 마음을 두드리는 질문들을 던졌습니다. 사례와 기술을 통해 더 가까이 이해하고, 그 질문 앞에 잠시 멈춰 서서 당신만의 정직한 답을 찾아보시길 바랍니다. 가능하다면 주변 사람들과 그 질문 공유하고 함께 답을 나누어 보십시오. 혼자 하는 생각은 공상으로 머물기 쉽지만, 함께 나누는 대화는 실천의 의지가 됩니다.

이 책을 펼쳐 들고 나에게 적용할 부분을 고민하고 있다면, 당신의 성장은 이미 시작된 것이라 믿습니다. 이 책을 도구 삼아 스스로 답을 찾아가면서 당신과 당신 주변의 사람들이 함께 성장하는 축복을 누리시길 진심으로 바랍니다.

우리는 돕기 위해 존재하고, 도움으로써 완성됩니다. 자, 이제 당신 안의 주인공을 깨워 타인을 향해 손을 내미는 그 위대한 걸음을 함께 시작해 볼까요?

목 차

Part 2. [심층 동기화]
현장의 맥락과 사람의 마음을 읽는 법

Part 3. [해법 디자인]
실질적인 변화를 만드는 도움의 기술

Part 4. [연대와 확장]
나를 넘어 세상과 공명하는 법

Part 1. 자기 이해

성장의 시작,
나를 대하는 정직한 시선

이타적 성장은 자기 부정의 과정이 아닙니다. 남을 도움으로써 나를 완성해 가는 아름다운 여정입니다. 이 성장의 첫걸음은 나를 정직하게 읽어내는 것입니다. 나의 가치관, 삶의 동기, 그리고 나만의 강점을 제대로 이해하는 것에서 모든 것이 시작됩니다. 과장된 포장이나 근거 없는 비관은 잠시 내려놓으십시오. 있는 그대로의 나를 발견할 때, 세상을 향한 당신의 선의는 비로소 강력한 성장의 동력이 됩니다.

01

기분 좋은 뇌가 성장을 만든다 :
나를 믿어주는 마음이 임계점을 넘긴다

인간은 언제 가장 기분이 좋을까요? 자극적인 순간을 넘어, 진짜 기분 좋은 뇌가 되는 상태는 언제일까요? 저는 인간이 진짜 행복을 느끼는 지점은 스스로 성장하고 발전하며, 내일이 오늘보다 더 좋아질 것이라는 기대를 품을 때라고 생각합니다. 하지만 그 성장을 추동하는 가장 근원적인 에너지는 바로 이것입니다. 자기 효능감, 즉 내가 나를 제일 좋아하는 마음입니다.

성장의 첫 단추는 내가 나를 좋아하는 것으로 시작됩니다. 하지만 처음부터 자신을 믿고 좋아하기란 절대 쉽지 않습니다. 우리는 어린 시절부터 부모의 칭찬, 주변의 인정, 또래 집단의 관심을 통해 나의 가치를 확인하며 자라기 때문입니다. 하지만 진짜 성장을 이어가기 위해서는 이러한 외부적 효능감을 넘어, 내면에서 스스로 발생하는 자아존중감이 필요합니다. 그래야 흔들릴지언정 무너지지 않고 나아갈 수 있습니다.

[Case]
검증의 고통 속에서 피어난 자기 확신

2010년, 서른 살의 청년이었던 저에게 감당하기 벅찬 기회가 찾아왔습니다. 중앙일보 '공부의 신 캠프'의 기획과 강의 총괄이라는 중책이었죠. 수천 명의 학생과 학부모를 마주해야 하는 이 거대한 프로젝트는 갓 강사 생활을 시작한 저에게 영광인 동시에 거대한 공포였습니다.

주최 측 역시 서툰 저를 온전히 신뢰하지 못하고 끊임없는 사전 강의 테스트와 운영 능력 검증이 이어졌습니다. 저는 매일 밤 "내가 정말 이 자격이 있을까?"라는 날카로운 질문에 찔리며 극심한 스트레스를 견뎌야 했습니다. 타인의 시선이라는 '선 아래'에 갇혀, 위축된 채 하루하루를 보내고 있었던 것입니다.

전환점은 소위 '공부의 신'이라 불리는 명문대 멘토들을 대상으로 한 첫 강의였습니다. 처음에는 그들의 배경 때문인지 눈치 보기에 급급했습니다. 제가 위축되니 공기는 차갑게 식었고, 그들 또한 긴장한 기색이 역력했습니다. 하지만 그 순간 문득 깨달았습니다. 나만 긴장하는 것이 아니라는 것을 말입니다.

대학생들도 이런 활동이 처음이었고, 본인들이 "정말 잘할 수 있을까? 잘 해내야 할 텐데…" 라는 긴장감과 부담감을 느끼고 있었으며, 그것이 나와 같다는 것을 알 수 있었습니다. 그 안에서 또 하나 발견한 것은 "나와 같은 마음이구나, 정말 모두가 이 캠프를 잘 해내고 싶구나."라는 깨달음이었습니다.

정해진 정답이 없는 상황에서 제가 선택할 수 있는 유일한 길은 '나 자신을 정직하게 믿어주는 것'뿐이었습니다. '내가 준비한 것이 정답이다.'라는 자기 확신을 품고 다시 마이크를 잡았습니다. 처음에는 날카로운 질문과 지적들이 쏟아졌습니다. 등에 땀이 흐를 정도였지만, 제가 밤새 고민하고 준비했던 그 진심을 다해 하나하나 답해나갔습니다.

어느 순간, 멘토들의 굳어 있던 얼굴이 풀리기 시작했습니다. 그들의 눈빛이 경계에서 지지로 변하는 것을 느낀 순간, 제 안의 긴장도 눈 녹듯 사라졌습니다. 제 강의 콘텐츠 중에는 '선 아래(Below the line)'의 삶에서 벗어나 '선 위(Above the line)'의 주도적인 삶을 살아야 한다는 내용이 있습니다. 그 내용을 설명하던 중, 정작 저 자신이 '선 아래'에서 '선 위'로 올라 가장 뜨겁게 떨리고 있었습니다.

자신을 향한 이 간절한 다짐과 지난한 준비의 과정들이 폭발적으로 맞물리며 현장의 에너지가 바뀌었습니다. 제가 저를 믿고 '선 위'로 올라서자, 비로소 제가 가진 지식과 에너지가 멘토들에게 온전히 흘러가기 시작했습니다. 그 긍정적인 파동은 캠프에 참가한 수백 명의 학생들에게 전달되었고, 아이들의 삶에 혁신적인 변화를 이끄는 기적으로 이어졌습니다.

우리는 살아가며 끊임없이 흔들립니다. 타인과의 비교, 낯선 환경이 주는 두려움은 우리를 자꾸만 '선 아래'의 위축된 삶으로 끌어내립니다.

하지만 기억하십시오. 성장은 내가 나를 믿어주는 아주 작은 틈에서 시작됩니다. 내가 준비한 것을 믿고 서서히 행동으로 옮길 때, 우리 안의 위대한 가능성이 깨어납니다.

내가 나를 도울 수 있는 존재라고 믿을 때, 비로소 우리는 타인을 돕고 함께 성장하는 진짜 변화의 주인공이 될 수 있습니다.

[Skill]
나를 다시 믿게 만드는 세 가지 마음 기술

새로운 도전을 앞두고 마음이 위축되는 것은 당신이 부족해서가 아닙니다. 우리 뇌가 낯선 환경을 위험으로 인식하고 스스로를 보호하려는 본능적인 반응일 뿐입니다. 이때 다음과 같은 세 가지 기술을 활용하면, 불안했던 마음을 성장의 에너지로 바꿀 수 있습니다.

(1) 아주 작은 성공을 수집하는 습관

처음부터 거대한 성과를 내려고 하면 우리 뇌는 금방 지치고 포기하고 싶어합니다. 이럴 때는 뇌가 "나는 할 수 있다."라는 데이터를 쌓을 수 있도록 목표를 아주 잘게 쪼개는 것이 중요합니다.

- **어떻게 할까요?**

  오늘 해야 할 일 중에서 '메일 한 통 보내기', '회의실 5분 먼저 도착하기'처럼 쉽게 접근할 수 있는 작은 일을 정하고 이를 마쳤을 때 자신을 칭찬해 주세요.

- **그 속의 원리**

  이런 소소한 성취감이 반복되면 우리 뇌에서는 도파민이라는 활력 물질이 나옵니다. 이 물질은 뇌의 보상 회로를 자극해, 우리가 조금 더 어려운 일에도 기꺼이 도전할 수 있는 의욕을 만들어 줍니다.

(2) 나를 응원하는 이들과 따뜻한 연결

불안은 혼자 있을 때 더 커집니다. 누군가가 나를 지켜봐 주고 응원하고 있다는 느낌만으로도 위축되었던 마음은 빠르게 회복됩니다. 나를 무조건 지지해 줄 한 사람만 있어도 우리의 성장은 멈추지 않습니다.

- **어떻게 할까요?**

  마음이 흔들릴 때 나의 고민을 솔직하게 털어놓을 수 있는 동료나 친구를 찾아 대화해 보세요. 이후 "네 덕분에 일이 잘 풀렸어."라는 진심 어린 한마디를 건네보세요.

- **그 속의 원리**

  타인과 정서적으로 연결될 때 우리 몸에서는 옥시토신이라는 '안정 호르몬'이 분비됩니다. 이 호르몬은 스트레스를 줄여주고, 뇌를 '방어 모드'에서 새로운 것을 받아들이는 '학습 모드'로 전환해 주는 역할을 합니다.

이타적 성장

(3) 나를 정의하는 말 한마디의 힘

우리는 종종 스스로에게 '나는 역시 안 돼' 혹은 '경험이 부족해'라는 부정적인 꼬리표를 붙이곤 합니다. 하지만 우리가 자신을 어떻게 부르느냐에 따라 뇌가 발휘하는 능력은 완전히 달라집니다.

- **어떻게 할까요?**

  '나는 아직 부족해'라는 생각 대신 "나는 지금 더 나은 전문가가 되기 위해 정교하게 다듬어지는 중이야."라고 말해 보세요. 상황은 그대로지만, 내가 붙인 이름 하나로 마음의 태도가 달라집니다.

- **그 속의 원리**

  이것을 심리학에서는 '인지적 재라벨링'이라고 부릅니다. 부정적인 감정에 새로운 이름을 붙여줌으로써, 우리 뇌가 상황을 '위협'이 아닌 '해결해야 할 과제'로 인식하게 만드는 전문적인 뇌활용 기술입니다.

────── 나를 깨우는 질문 ──────

- 오늘 하루, 내가 나에게 해준 말 중 가장 인색했던 표현은 무엇인가요?

- 과거의 실패 중 성장의 발판으로 다시 해석할 수 있는 사건은 무엇인 가요?

- 내가 나를 조금 더 신뢰하기 위해 오늘 당장 실천할 수 있는 작은 성공 은 무엇인가요?

[Action Idea]

────── 긍정적 자기 확언하기 ──────

이번 주에는 거울을 볼 때 혹은 업무를 시작하기 전, 스스로에게 이렇게 말해 보세요. "나는 오늘 내가 마주할 사람들에게 충분히 도움을 줄 수 있는 사람이다."

성장 마인드셋은 구호가 아니다 :
믿음과 행동의 피라미드

최근 기업 교육 현장에서 가장 뜨거운 화두는 '성장 마인드셋(Growth Mindset)'입니다. 캐럴 드웩(Carol Susan Dweck) 스탠퍼드대학교 심리학과 교수가 주창한 이 개념은 지능과 능력은 고정된 것이 아니라, 노력과 전략을 통해 충분히 발달할 수 있다는 믿음을 뜻합니다. 하지만 변화가 어려운 이유는 우리가 행동의 변화에만 집중하기 때문입니다. 다이어트가 필요한 이유를 정확히 알면서도 실패하고, 조직 내에서 창의적인 의견을 내야 한다는 것을 알면서도 침묵을 선택하기도 합니다. 이는 행동의 문제가 아니라 그 행동을 지배하는 더 깊은 곳의 무엇이 바뀌지 않았기 때문입니다.

성장을 위해서는 결과의 피라미드(Result Pyramid)를 이해해야 합니다. 우리가 원하는 결과(Result)는 어떤 행동(Action)을 했느냐에 달려 있지만, 그 행동을 끌어내는 동력은 믿음(Belief)입니다. 그리고 그 믿음의 뿌리는 우리가 겪은 과거의 경험(Experience)입니다. 따라서 성장을 위해서는 단순히 행동을 바꾸라고 강요할 것이 아니라, 그 사람이 어떤 경험을 통해 어떤 믿음을 형성하고 있는지, 그리고 그 경험을 어떻게 해석하고 있는지 살펴보아야 합니다.

[Case]
사법연수원의 판사들을 '나의 팬'으로 만든 정신 승리

어느 날, 사법연수원으로부터 10년 차 이상의 중견 판사님들을 대상으로 '소통과 리더십에 관한 강의'를 해달라고 의뢰 받았습니다. 솔직히 말씀드리면, 처음에는 너무 두려워 거절하고 싶은 마음뿐이었습니다. '판사님들은 논리가 완벽하지 않으면 바로 공격한다'는 주변의 무시무시한 조언들이 저를 짓눌렀기 때문입니다.

이 도전이 저를 더 크게 성장시킬 것이라는 직감이 들어 결국 수락하는 일을 저질렀는데, 그날부터 극심한 스트레스가 시작되었습니다. 강의 당일, 연수원으로 향하는 차 안에서 '가벼운 접촉 사고라도 나서 강의가 취소되면 좋겠다'라는 어리석은 생각이 들 정도로 압박감이 대단했습니다.

연수원에 도착해 강의장에 들어서니 차가운 긴장감이 감돌았습니다. 저는 떨리는 마음을 가라앉히려 미리 도착해 계신 몇몇 판사님께 먼저 다가가 가벼운 대화를 건넸습니다. 의외로 그분들은 따뜻하게 답해 주셨고, 그 짧은 대화 속에서 저는 '이분들도 결국 소통을 고민하는 같은 사람들이구나'라는 사실을 느끼며 조금씩 편안해지기 시작했습니다.

강의 직전, 전체 5일간의 연수 일정표를 훑어보았습니다. 법률과 판례로 가득 찬 빽빽한 일정들 사이에서 제 강의 주제를 보니 문득 이런 확신이 들었습니다. "이분들에게 지금 가장 필요한 건 이 시간이고, 내가 준비한 내용이 이번 연수에서 가장 재미있고 유익할 거야!"

그 순간 저는 근거 없는 두려움 대신 '정신 승리'에 가까운 강력한 믿음을 스스로에게 주입했습니다. "오늘 여기 있는 모든 분들은 나를 좋아하게 될 것이다. 나는 이분들을 도울 준비가 된 전문가다."

이 믿음은 제 행동을 마법처럼 바꾸어 놓았습니다. 위축되어 눈치를 보는 대신, 여유 있게 웃으며 준비해갔던 게임과 대화를 시작했습니다. 그러자 놀라운 일이 벌어졌습니다. 엄숙해 보이던 판사님들이 누구보다 열정적으로 참여하며 환하게 웃기 시작한 것입니다. 쉬는 시간에도 먼저 다가와 고민을 나누어 주셨고, "우리를 어렵게 대하는 강사들보다 훨씬 편안하고 진정성 있어서 좋았다."는 최고의 피드백을 주셨습니다.

환경은 변하지 않았습니다. 변한 것은 오직 '내가 나를 어떻게 믿느냐'하는 마음가짐뿐이었습니다. 내가 나를 전문가로 믿고, 내가 주는 도움의 가치를 스스로 확신할 때 비로소 타인의 마음을 여는 진짜 힘이 나옵니다.

[Skill]
믿음을 바꾸는 성장 마인드셋 훈련법

우리는 흔히 상황이 좋아지면 자신감이 생길 거라 믿습니다. 하지만 실제로는 '내가 어떤 믿음을 선택하느냐'가 상황을 바꿔놓는 경우가 더 많습니다. 내 마음의 안경을 교정하여 성장의 속도를 높이는 세 가지 훈련법을 소개합니다.

(1) 일어난 일보다 '해석하는 힘' 기르기

예상치 못한 실수나 거절을 당했을 때, 우리 마음은 자동으로 '역시 나는 안 돼'라는 부정적인 결론을 내리곤 합니다. 이때 그 경험에 어떤 의미를 부여할지 내가 직접 결정하는 연습이 필요합니다.

- **어떻게 할까요?**

  나쁜 결과가 나왔을 때 '실패했다'고 단정 짓지 마세요. 대신 "이번에 내 방식의 약점을 하나 발견했네? 다음엔 보완할 수 있겠다."라고 의도적으로 다르게 말해 보는 것입니다.

- **그 속의 원리**

  이를 심리학에서는 '성장 마인드셋(Growth Mindset)'이라고 합니다. 지능이나 능력은 고정된 것이 아니라 노력과 해석을 통해 계속 자라난다고 믿는 태도입니다. 이 믿음을 가지면 뇌는 위기를 기회로 인식해 더 적극적으로 해결책을 찾습니다.

(2) 나를 위한 근거 없는 확신, '전략적 믿음'

중요한 발표나 미팅을 앞두고 "상대방이 나를 공격하면 어쩌지?"라는 걱정이 들 때가 있습니다. 이럴 때는 아직 일어나지 않은 미래를 나에게 가장 유리한 방향으로 미리 설정해 버리는 기술이 필요합니다.

- **어떻게 할까요?**

  무대에 서기 전 "여기 있는 모든 상황과 사람들은 오늘 나의 성장을 돕기 위해 존재한다."라고 자신을 설득하세요. 근거가 없어도 괜찮습니다. 내가 믿기로 선택하는 순간, 나의 표정과 말투에 여유가 생깁니다.

- **그 속의 원리**

  이것은 '자기 충족적 예언(Self-Fulfilling Prophecy)'의 원리를 활용한 것입니다. 내가 믿는 대로 행동하게 되고, 그 행동이 결국 믿었던 결과를 만들어내는 현상입니다. 스스로 전문가라고 믿고 행동할 때 상대방도 당신을 전문가로 대접하게 됩니다.

(3) 의지보다 강한 '성장 시스템' 만들기

내 의지력은 생각보다 약하고 주변 환경의 영향을 많이 받습니다. 내가 굳이 애쓰지 않아도 나를 응원하고 긍정적인 자극을 주는 환경 속에 나를 데려다 놓는 것이 중요합니다.

- **어떻게 할까요?**

나를 깎아내리는 사람들과는 거리를 두세요. 대신 작은 성취에도 함께 기뻐해 줄 동료를 찾고, 서로의 강점을 찾아주는 피드백 모임을 만들어 보세요. 나를 믿어주는 사람이 주변에 많아지면 나도 나를 더 쉽고 깊게 믿게 됩니다.

- 그 속의 원리

우리 뇌에는 타인의 행동을 거울처럼 따라 하는 '거울 뉴런'이 있습니다. 긍정적이고 이타적인 에너지를 가진 사람들 곁에 머무는 것만으로도, 우리 뇌는 자연스럽게 그들의 성취 감각과 자신감을 학습하게 됩니다.

- 내가 지금 반복하는 소극적인 행동의 밑바닥에는 어떤 경험에 의한 믿음이 자리 잡고 있나요?

- 두려운 상황을 성장 마인드셋의 관점에서 다시 해석한다면, 어떤 이름을 붙여줄 수 있을까요?

- 누군가에게 새로운 행동을 요구하기 전, 그가 긍정적인 경험을 하도록 내가 먼저 도울 수 있는 것은 무엇인가요?

[Action Idea]
── 중요한 무대를 앞두고 전략적 정신 승리 선언하기 ──

미팅이나 업무 시작 전, "오늘 이 일은 완벽하게 풀릴 것이며, 모두가 내 의견에 귀를 기울일 것이다."라고 소리 내어 말해 보세요.

감정에 휘둘리지 않는 연습 :
뜨거운 뇌를 식히는 '잠시 멈춤'의 기술

일을 하다 보면 겉으로는 프로답게 웃고 있지만, 내면은 걷잡을 수 없는 불편함과 소용돌이로 가득 찬 날이 있습니다. 특히, 타인에게 올바른 소통과 성장을 가르쳐야 하는 강사에게 이런 날은 지독한 자괴감을 안겨주기도 합니다. 내가 알고 있는 지식과 내가 처한 현실 사이의 간극이 벌어질 때, 우리는 '과연 내가 이 일을 할 자격이 있는가?'라는 근원적인 질문에 부딪히게 됩니다. 하지만 역설적으로 성장은 바로 그 지독한 모순을 인지하고, 요동치는 감정 너머의 나를 객관적으로 바라보려는 시도에서 시작됩니다.

인간은 합리적인 존재가 아니라 합리화하는 존재에 가깝습니다. 외부의 자극을 받으면 감정의 뇌가 먼저 반응하고, 뒤늦게 이성의 뇌가 그 감정을 정당화하기 위한 논리를 찾아내기 때문입니다. 그렇기에 내면의 평화를 유지하고 객관적인 성장을 일궈내기 위해서는 감정에 휘둘리는 나를 비난하는 것이 아니라, 지금 내 감정이 어떤 상태인지 명확히 인식하고 그 뜨거운 뇌를 식힐 수 있는 나만의 장치를 마련해야 합니다.

[Case]
갈등관리 강사가 마주한 엉망이 된 집안 분위기

조직의 갈등 해결법을 가르치는 강사로서 가장 부끄러웠던 아침의 기억이 있습니다. 강의를 앞둔 전날 밤, 아내와 사소한 다툼이 일어났습니다. 소통의 원칙을 누구보다 잘 안다고 자부했지만, 그 순간 저는 고집불통인 남편일 뿐이었습니다. 날카로운 말들로 집안 분위기를 엉망으로 만들고 말았죠.

다음 날 아침, 강의장으로 향하는 차 안에서 거대한 자괴감이 밀려왔습니다. '내 집안 문제도 해결하지 못 하면서 누구에게 갈등 관리를 가르친단 말인가.' 강사의 자격이 없다는 생각에 마음이 무너져 내렸습니다. 당장이라도 차를 돌려 강의를 취소하고 싶을 만큼 심각한 자괴감에 빠져들었습니다.

그때 운전대를 잡은 채로 제가 오늘 전달해야 할 강의 내용을 하나씩 되짚어 보았습니다. 아이러니하게도 강의안 속의 문장들이 감정에 매몰된 저를 깨우기 시작했습니다. '감정은 사실이 아닙니다. 감정은 당신의 인지와 행동을 가로막는 안개일 뿐입니다.' 그 문장을 곱씹으며 제 안의 안개를 걷어내 보았습니다. '지금 내가 느끼는 이 자괴감은 어디서

온 걸까?', '진짜 문제는 무엇이고 내가 원하는 결과는 무엇인가?' 잠시 멈춰 감정과 나를 분리하여 상황을 객관적으로 바라보자 비로소 답이 보였습니다. 제가 원한 건 싸움에서 이기는 것이 아닌 화해였고, 지금 해야 할 일은 자책이 아닌 강의에 집중하는 것이었습니다.

강의실에 도착해 저는 청중들에게 이 솔직한 실패담을 털어놓았습니다. 전문가인 저조차도 감정에 휘둘려 모든 것을 망치고 싶었던 순간이 있었음을 고백했습니다. 하지만 감정을 인지하고 행동을 분리하는 연습이 얼마나 중요한지 오늘 아침의 경험을 생생한 예시로 전했습니다.

완벽한 이론보다 더 강력했던 건, 감정의 늪에서 스스로 걸어 나온 강사의 정직한 고백이었습니다. 청중들은 뜨겁게 공감했고, 그날 강의는 더 좋은 피드백이 있었고 저 역시 더 큰 보람을 느낄 수 있었습니다. 감정에 휘둘리는 것은 인간의 본능이지만 그 안개를 걷어내고 다시 중심을 잡는 것이야말로 진정한 성장의 시작임을 저 스스로 먼저 배운 시간이었습니다.

[Skill]
감정의 안개를 걷어내는 두 가지 마음 도구

갑작스러운 감정의 소용돌이에 휘말리면 이성적인 판단이 흐려지고 시야가 좁아집니다. 이는 우리 뇌의 감정 영역이 이성 영역보다 훨씬 빠르게 반응하기 때문입니다. 이때 다음의 두 가지 도구를 활용하면 빠르게 평온을 되찾고 상황을 주도할 수 있습니다.

(1) 내 마음의 상태에 정확한 이름 붙이기

마음이 복잡할 때 단순히 '기분이 안 좋아'라고 뭉뚱그리면 감정은 더 커지기만 합니다. 이때 내 마음이 정확히 어떤 상태인지 관찰하고 그에 맞는 단어를 골라주는 과정이 필요합니다.

- **어떻게 할까요?**

  '화가 난다' 대신 '계획이 틀어져서 당혹스럽다'라거나 '무시당한 것 같아 서운하다'처럼 구체적인 감정 단어를 선택해 보세요.

- **그 속의 원리**

  이를 심리학에서는 '감정 인식 명확성'이라고 부릅니다. 감정에 이름을 붙이는 순간, 우리 뇌의 이성적인 영역이 활성화됩니다. 이름을 불린 감정은 더 이상 날뛰지 않고 차분하게 통제되기 시작합니다.

(2) 감정의 폭풍을 피하는 나만의 정지 버튼

욱하는 감정이 올라오는 순간, 우리 몸은 상대를 공격하거나 그 자리를 회피하려는 본능에 지배당합니다. 이 본능이 나를 삼키기 전에 의도적으로 흐름을 끊어주는 '물리적 멈춤'이 필요합니다.

• **어떻게 할까요?**

갈등 상황에서 감정이 격해지면 "잠시 물 좀 마시고 올게요."라고 말하거나, 화장실을 다녀오는 등 짧은 시간이라도 자리를 비워보세요. 나만의 '잠시 멈춤' 규칙을 미리 정해두는 것이 좋습니다.

• **그 속의 원리**

감정이 폭발할 때 우리 뇌는 본능적 체계에 사로잡히지만, 단 몇 초의 '리추얼(Ritual, 의도적 행동)'만으로도 그 흐름을 깰 수 있습니다. 물리적인 거리를 두는 것만으로도 뇌는 흥분을 가라앉히고 상황을 다시 객관적으로 바라볼 수 있는 여유를 되찾게 됩니다.

- 내가 지금 느끼는 이 불편한 감정의 진짜 이름은 무엇인가요?

- 내가 내린 이 결정은 정말 합리적인 판단인가요, 아니면 내 감정을 정당화하기 위한 합리화인가요?

- 내가 주장하는 가치와 나의 실제 행동 사이에 가장 큰 간극이 느껴지는 부분은 어디인가요?

[Action Idea]
───── 뜨거운 뇌를 식히는 물 한 잔 리추얼 ─────

이번 주, 감정이 격해지는 순간이 온다면 즉시 말을 내뱉지 말고, '물 한 잔 마시기'를 실천해 보세요. 물을 찾고 마시는 그 짧은 시간이 감정의 뇌를 진정시켜 줄 것입니다.

04

나의 부족함을 인정할 때 시작되는 성장 : 취약성이 만드는 연대의 힘

우리는 누구나 강점으로 성과를 내고 싶어 합니다. 하지만 현실에서 우리를 가장 힘들게 만드는 것은 결국 나의 부족함입니다. 부족함은 가장 가깝고 소중한 관계에서 뼈아픈 영향을 끼칩니다. 기대가 크고 거리가 가까울수록 나의 약점은 상대에게 더 선명한 상처를 남기기 때문입니다. 역설적으로 우리는 결핍을 숨기려다 오히려 소중한 사람들을 잃어버리는 최악의 결과를 초래하기도 합니다.

주변을 보면 부족한 점이 참 많은데도 끊임없이 사랑받고 도움받는 이들이 있습니다. 그들의 비결은 자신의 부족함을 인정하고 솔직하게 도움을 요청하는 것입니다. 이들은 자신의 결핍을 부끄러워하기보다 당당하게 드러냄으로써 주변 사람들을 자기 편으로 만듭니다. 부족함은 숨겨야 할 치부가 아니라, 타인이 내 삶에 들어와 기여할 수 있는 공간이 되어줍니다.

이타적 성장

[Case]
착한 사람 콤플렉스라는 감옥을 열고 나온 고백

30대 초반, 어린 강사로 기업 교육 현장을 누비던 시절의 일입니다. 당시 저는 '무엇이든 해내는 유능한 전문가'로 보이고 싶은 욕심이 컸습니다. 어느 날, 한 기업 담당자가 예정에 없던 복잡한 교육 매뉴얼 제작을 급하게 요청했습니다.

당시 저는 수많은 강의와 행정 업무를 병행하고 있었고, 집에서는 어린아이를 돌봐야 하는 고된 일상을 보내고 있었습니다. 객관적으로는 "도저히 무리입니다."라고 거절하는 게 맞았죠. 하지만 저는 제안을 거절하면 실력 없는 강사로 보일까 봐, 혹은 이 기회를 놓치게 될까 봐 겁이 났습니다. 결국 무리한 요구임에도 여유 있는 척 웃으며 대답했습니다. "네, 문제없습니다. 제가 해내겠습니다."

함께 일하던 동료들은 "물리적으로 불가능한 일정인데 왜 할 수 있다고 했느냐."라며 걱정 섞인 비판을 했습니다. 하지만 저는 그 비판마저 '나를 무시하는 말'로 받아들였고, 오기를 부리며 밤을 새워 작업을 강행했습니다. 3일 내내 한계치를 넘으며 무리하던 중, 강의를 마치고 돌아오는 길에 고속도로에서 아찔한 졸음운전을 하게 되었습니다.

가까스로 휴게소에 차를 세운 순간, 왈칵 눈물이 쏟아졌습니다. '정말 더는 못 하겠다.'라는 항복 선언이 터져 나왔죠. 처음으로 자존심을 내려놓고 동료들에게 솔직하게 도움을 요청했습니다. 비난할 줄 알았던 동료들은 오히려 저를 다독이며 이렇게 말해주었습니다. "강사님, 이걸 못 한다고 해서 능력이 없는 게 아니에요. 사람은 누구나 부족한 면이 있고, 그래서 우리가 '팀'으로 함께 일하는 거잖아요."

그 한마디는 제 삶의 방식을 바꾸는 거대한 전환점이 되었습니다. 나의 부족함을 인정하는 것이 결코 무능함을 증명하는 일이 아니라는 사실, 오히려 그 빈틈을 드러낼 때 비로소 타인의 손을 잡을 수 있다는 진실을 깨달았습니다. 진짜 성장은 나의 완벽함을 증명하는 것이 아니라, 나의 한계를 정직하게 고백하고 함께할 수 있는 용기를 냄으로써 시작된다는 것을 말입니다.

[Skill]
나의 부족함을 인정하고 성장의 기회로 만드는 기술

우리는 흔히 완벽한 모습만 보여야 전문가로 인정받을 수 있다고 생각합니다. 하지만 진짜 전문성은 자신의 한계를 정확히 알고, 그 빈틈을 타인의 강점으로 채울 줄 아는 지혜에서 나옵니다. 내 안의 부담감을 덜어내고 함께 성장하기 위한 두 가지 기술이 필요합니다.

(1) 나와 문제를 분리해서 바라보기

무언가 잘 안 풀릴 때 우리는 쉽게 '나는 역시 능력이 없어'라며 화살을 자신에게 돌립니다. 하지만 나 자신과 내가 직면한 문제를 분리하는 연습만으로도 자책의 늪에서 훨씬 빠르게 빠져나올 수 있습니다.

- **어떻게 할까요?**

  "나는 부족한 사람이야."라는 말 대신 "나에게는 지금 특정 영역의 과제가 주어진 거야."라고 말해 보세요. 문제는 내 인격의 일부가 아니라, 내 앞에 놓인 해결해야 할 물건과 같습니다.

- **그 속의 원리**

  심리학에서는 이를 '외연화(Externalization)'라고 부릅니다. 문제를 나 자신으로부터 밖으로 끄집어내어 객관화하는 기술입니다. 이렇게 문제를 분리하면 감정적인 소모가 줄어들고, 문제를 해결하기 위한 실질적인 전략을 짤 수 있는 여유가 생깁니다.

(2) 신뢰를 만드는 용기, '전략적 취약성'

도움을 요청하는 것은 내 무능함을 증명하는 항복 선언이 아닙니다. 오히려 상대방을 신뢰하고 있다는 가장 강력한 신호이자, 팀의 결속력을 다지는 고도의 전략입니다.

- **어떻게 할까요?**

  내가 감당하기 힘든 지점이 왔을 때, 숨기지 말고 동료들에게 명확히 공유하세요. "이 부분은 제 역량을 벗어나는 일이라 여러분의 도움이 필요합니다."라고 말하는 순간, 주변 사람들은 당신을 도울 기회를 얻게 되고 비로소 하나의 '팀'이 작동하기 시작합니다.

- 그 속의 원리

이를 '취약성의 힘(Power of Vulnerability)'이라고 합니다. 자신의 부족함을 솔직하게 드러낼 때 구성원들은 심리적 안전감을 느끼며, 서로의 부족함을 비난하기보다 각자의 강점으로 그 빈틈을 메우려는 협력적인 구조가 만들어집니다. 이는 팀의 시너지를 만들고 지속적 성장 모델을 만들 수 있게 됩니다.

- 내가 쓸모없는 사람처럼 보일까 봐 필사적으로 숨기고 있는 나의 약점은 무엇인가요?

- 그 약점을 솔직하게 털어놓고 도움을 구했을 때, 기꺼이 손을 내밀어 줄 '나의 동료'는 누구인가요?

- 내가 타인의 부족함을 도와주었을 때 어떤 보람을 느꼈나요?

[Action Idea]
──────── '작은 취약성' 고백하기 ────────

이번 주, 가장 가까운 동료나 가족에게 내가 평소 어려워했던 사소한 부분 하나를 고백해 보세요. "사실 내가 이 부분이 조금 서툴러서 그러는데, 네가 좀 도와줄 수 있을까?"라고 요청해 보세요.

상상 속의 나 vs 현실 속의 나 :
성장을 가로막는 '과거의 영광'

운동회에서 아빠들이 달리기를 하다가 넘어지거나 크게 다치는 광경을 자주 봅니다. 이유는 명확합니다. 상상 속의 나와 현실의 내가 다르기 때문입니다. 머릿속에는 20년 전 가벼운 몸으로 트랙을 누비던 상상 속의 내가 있지만 현실은 무거운 몸과 마음대로 움직이지 않는 다리뿐입니다. 그 간극이 균형을 잃게 하고 결국 바닥으로 고꾸라지게 만듭니다.

비즈니스 현장에서도 이런 일은 비일비재합니다. 프레젠테이션이나 스피치 강의를 할 때 가장 변화시키기 어려운 대상은 '내가 이미 잘한다'고 생각하는 분들입니다. '내가 예전에 이만큼 했으니, 지금도 잘할 거야'라는 막연한 자신감은 성장을 가로막는 가장 큰 적입니다. 진짜 성장하는 사람은 과거의 성공에 도취하지 않고, 지금 이 순간의 나를 정직하게 대면합니다.

[Case]
세바시 무대 위에서 마주한 낯선 나

현재 강연 프로그램 '세상을 바꾸는 시간 15분(이하 세바시)'에서 HR 콘텐츠 개발 디렉터 및 강연자 코치로 일하고 있지만, 저의 첫 세바시 강연은 오랫동안 꺼내지 못한 부끄러운 기억으로 남아 있습니다. 당시 저는 8시간짜리 종일 강의도 거뜬히 해내던 때였습니다. 그래서 15분이라는 짧은 강연쯤은 큰 준비 없이도 완벽하게 해낼 수 있을 거라 자만했습니다. 상상 속의 저는 무대를 휘저으며 청중을 사로잡는 베테랑 연사였습니다.

강연 주제는 〈기분 좋은 뇌가 공부도 잘한다〉는 것이었습니다. 하지만 실제 무대 위 상황은 제 상상과 완전히 달랐습니다. 5시간이 넘는 긴 대기 끝에 지친 상태로 조명 아래 서자 갑자기 뇌가 하얗게 얼어붙기 시작했습니다. 철저하게 시간을 계산하고 준비하지 않은 대가는 혹독했습니다. 강연은 단 12분 만에 끝나버렸고, 남은 3분의 공백은 그 무엇으로도 채울 수 없는 거대한 구멍이 되어 저를 덮쳤습니다.

무대 위에서 내려올 때 마주한 스태프들과 PD님의 당혹스러운 표정, 그리고 무엇보다 스스로에게 느낀 실망감은 이루 말할 수 없었습니다. '기분 좋은 뇌'를 말하러 올라갔던 저는 세상에서 가장 '기분 좋지 않은 뇌'를 가진 채 무대를 내려왔습니다.

오랜 시간이 지났지만 그날의 기억은 여전히 제 마음 한구석에 선명하게 남아 있습니다. 한동안은 부끄러워 어디에도 이야기하지 못했고, 지금도 스피치를 앞둘 때면 그때의 긴장감이 되살아나곤 합니다. 하지만, 이 뼈아픈 경험은 저에게 가장 중요한 진실을 가르쳐주었습니다. 진짜 '기분 좋은 뇌'는 막연한 상상 속에 있는 것이 아니라, 철저한 준비와 정직한 실행이라는 '현실' 위에 있을 때 비로소 만들어진다는 사실입니다.

그날 이후 저는 짧은 스피치든 긴 강의든, 단 1분이라도 허투루 쓰지 않기 위해 시간을 쪼개어 준비하는 습관을 갖게 되었습니다. 상상 속의 완벽함에 취해 있는 것이 아니라, 현실의 나를 겸허히 인정하고 준비할 때 비로소 우리는 타인에게 진정한 도움을 줄 수 있는 전문가로 성장할 수 있습니다.

[Skill]
상상이 아닌 현실의 성장을 위한 2가지 학습 기술

과거의 성공 경험은 우리에게 자신감을 주지만 때로는 새로운 변화를 가로막는 걸림돌이 되기도 합니다. '나는 이미 베테랑이야'라는 상상 속에 갇히지 않고, 현실의 나를 더 단단하게 만드는 두 가지 훈련법을 제안합니다.

(1) '내 방식이 정답이 아닐 수 있다'는 열린 가설

오랜 시간 익숙해진 업무 수행 방식이나 지식은 우리를 편안하게 만들지만 그만큼 타성에 빠지게 할 위험도 큽니다. 업무를 시작하기 전, 잠시 멈추고 현재의 내 방식에 의문을 던져보는 태도가 필요합니다.

- **어떻게 할까요?**

  "내가 알고 있는 이 방법이 지금도 최선일까?" 혹은 "전혀 다른 관점에서는 어떻게 보일까?"라는 질문을 스스로에게 던져보세요. 내 지식을 '불변의 진리'가 아닌 '수정 가능한 가설'로 취급하는 것입니다.

- **그 속의 원리**

  이를 교육학에서는 '언러닝(Unlearning, 학습 파기)'이라고 부릅니다. 새로운 것을 배우기 위해, 더 이상 유효하지 않은 과거의 습관이나 지식을 의도적으로 비워내는 과정입니다. 잔이 비워져야 새로운 물을 채울 수 있듯 성장을 위해서는 익숙한 것을 버리는 용기가 먼저 필요합니다.

(2) 상상 속의 나를 깨우는 객관적인 대면

우리는 종종 자신의 능력을 실제보다 높게 평가하거나 상상 속에서 완벽하게 해내는 모습을 그리며 만족하곤 합니다. 하지만 진짜 성장은 그 상상과 현실 사이의 간극을 인정할 때 비로소 시작됩니다.

- **어떻게 할까요?**

내가 업무를 하거나 스피치를 하는 모습을 직접 녹음하거나 촬영
해서 확인해 보세요. 처음에는 자신의 목소리와 모습이 낯설고 부
끄러울 수 있지만 그 '초라한 현실'을 직면하는 것이 가장 빠른 교
정 방법입니다.

• 그 속의 원리

이것을 심리학에서는 '메타인지(Metacognition)'를 높이는 과정이라
고 합니다. 내가 무엇을 알고 무엇을 모르는지, 나의 실제 실력이
어느 정도인지 객관적으로 파악하는 능력입니다. 상상 속의 나를
내려놓고 현실의 데이터를 마주할 때 뇌는 비로소 부족한 부분을
채우기 위한 '진짜 학습'을 시작합니다.

- 내가 습관적으로 내뱉는 "내가 해봐서 아는데"라는 말 뒤에 숨겨진 자만심은 무엇인가요?

- 나의 실력을 객관적으로 확인하기 위해 오늘 당장 할 수 있는 모니터링은 무엇인가요?

- 지금 변화된 환경에서 더 이상 쓸모없어진 나의 과거 성공 공식은 무엇인가요?

[Action Idea]
──── 낯선 시선으로 나를 관찰하기 ────

이번 주 나의 일상이나 일하는 모습 중 일부를 영상으로 촬영하거나 녹음해서 직접 확인해 보세요. 상상 속의 나와 현실의 나의 차이를 인정하는 것이 진짜 공부의 시작입니다.

진단 도구는 안경이지 감옥이 아니다 :
기질을 넘어서는 기술의 힘

요즘 대화의 첫인사는 날씨가 아니라 "MBTI(성격 유형)가 어떻게 되세요?"로 시작됩니다. 상대가 어떤 사람인지 분류하는 순간 우리는 안도감을 느낍니다. 문제는 이 분류가 타인뿐 아니라 나 자신에게도 적용된다는 점입니다. 성향 분석 도구는 나를 이해하기 위한 아주 훌륭한 안경입니다. 하지만 많은 이들이 이 안경을 자신을 가두는 창살로 사용하곤 합니다.

"나는 원래 내향형이라서 사람들 앞에 서는 걸 못 해."라고 말하며 자신의 한계를 성격 탓으로 돌려버립니다. 하지만 진짜 성장하는 사람은 자신의 기질을 핑계 삼지 않습니다. 오히려 자신의 기질을 명확히 인지하고, 그 기질이 가진 취약점을 보완할 기술을 찾아 익힙니다. 진단은 당신이 어떤 사람인지 말해주는 최종 선고가 아니라, 당신이 어떤 안경을 써야 세상을 더 잘 볼 수 있는지 알려주는 가이드일 뿐입니다.

내향적인 강사가 강의장에서 빛나려면

저는 전형적인 내향형(I) 인간입니다. 낯선 사람들과 안부를 묻는 일은
여전히 서툴고, 사람이 많은 곳에 다녀오면 배터리가 방전된 기계처럼
에너지를 소진하곤 합니다. 하지만 강의실에서의 저는 완전히 다른 사
람이 됩니다. 누구보다 활기차게 분위기를 주도하고 먼저 다가가 청중
을 웃게 만듭니다. 기질을 바꾼 것이 아니라, 상황에 맞는 '기술'을 사용
하기 때문입니다.

사실 저에게 낯선 공간에 던져진다는 것은 큰 스트레스입니다. 그래
서 저는 남들보다 최소 30분, 때로는 1시간 일찍 강의장에 도착하는 규
칙을 세웠습니다. 아무도 없는 빈 공간에 제가 가장 먼저 도착해 공기를
익히고, 들어오는 분들을 여유 있게 맞이하기 위해서입니다. 환경이 나
에게 익숙해져야 비로소 제 목소리를 낼 수 있는 내향인의 생존 전략인
셈입니다.

강의 중반쯤 저는 청중들에게 조심스럽게 고백하곤 합니다. "사실
저는 지독한 내향인(I)입니다. 지금 엄청나게 에너지를 끌어 쓰고 있어
요." 이 솔직한 고백에 내향적인 학습자들은 큰 안도감을 느낍니다. '아,
나 같은 기질도 기술을 연마하면 저렇게 할 수 있구나' 하는 희망을 얻
기 때문입니다.

돌이켜보면 MBTI나 4MAT 등 수많은 심리 진단 도구들은 저에게

단 한 번도 '강사'라는 직업을 추천한 적이 없습니다. 대신 연구원 같은 정적인 직업들을 제안했죠. 저는 그 진단들이 틀렸다고 생각하지 않습니다. 진단은 나의 '기질'이라는 밑바탕을 정확히 설명해 줄 뿐입니다.

하지만 기질이 곧 운명은 아닙니다. 나이가 들면 시력이 변해 돋보기를 쓰듯, 기질이라는 시력을 보완해 줄 '기술'이라는 안경을 맞추면 됩니다. 나를 정확히 아는 것은 나를 그 틀에 가두기 위해서가 아니라, 내가 하고 싶은 일을 해내기 위해 어떤 도구가 필요한지 파악하기 위해서입니다. 기질이라는 바탕색 위에 나만의 기술을 덧입힐 때 우리는 기질을 뛰어넘어 자신만의 고유한 브랜드를 완성할 수 있습니다.

[Skill]
나의 기질을 성장의 무기로 바꾸는 기술

많은 사람들이 심리 진단 결과에 자신을 가두고 단정짓곤 합니다. 하지만 진짜 전문가는 자신의 기질을 정확히 이해하되, 그것을 뛰어넘는 '기술'을 연마할 줄 아는 사람입니다. 나를 돕고 남을 돕기 위한 두 가지 도구를 제안합니다.

(1) '나는 원래 그래'라는 벽 허물기

진단 결과는 나를 규정하는 '감옥'이 아니라, 내가 어떤 환경에서 더 편안함을 느끼는지 알려주는 '사용 설명서'일 뿐입니다. 현재의 내 모습을

이타적 성장

단편적으로 규정짓기보다, 내가 가고자 하는 목적지를 위해 무엇을 보완해야 할지 고민하는 태도가 필요합니다.

- **어떻게 할까요?**

   어떤 일이 어렵게 느껴질 때 "내가 타고나기를 이래서 그래."라고 말하는 대신 "지금 내 기질로는 이 상황이 낯설구나. 그렇다면 어떤 도구가 필요할까?"라고 질문을 바꿔보세요.

- **그 속의 원리**

   이를 심리학에서는 '자기 조절 효능감'이라고 합니다. 타고난 기질에 휘둘리는 것이 아니라, 특정 상황에 맞춰 자기 행동을 의도적으로 조절하는 능력입니다. 이 힘이 강해질수록 우리는 기질의 한계를 넘어 더 넓은 세상으로 나갈 수 있습니다.

(2) 기질과 기술을 명확히 구분하기

멀리 있는 글씨가 안 보인다고 해서 내 눈이 틀린 것은 아닙니다. 그저 안경이 필요할 뿐이죠. 내가 겪는 어려움이 '성격'의 문제인지, 아니면 아직 익히지 못한 '기술'의 문제인지 냉정하게 따져보는 연습이 중요합니다.

- **어떻게 할까요?**

   낯선 사람과 대화하는 것이 힘들다면, 그것은 '사교성이 없는 성격' 탓이 아니라 '대화를 시작하는 구체적인 기술(Small Talk)'을 배우지 않았기 때문일 수 있습니다. 성격 탓을 멈추고 그 자리에 필요한 '기술'을 채워보세요.

- 그 속의 원리

뇌과학적으로 볼 때 기질은 뇌의 하부 구조(변연계)와 관련이 깊어 잘 변하지 않지만, 기술은 뇌의 상부 구조(전두엽)를 통해 얼마든지 학습하고 강화할 수 있습니다. 기질이라는 바탕색 위에 '기술'이라는 렌즈를 덧입힐 때 우리는 비로소 선명한 성장의 풍경을 마주하게 됩니다.

[Self-Question]
───── 나를 깨우는 질문 ─────

- 특정 진단 결과를 내 단점이나 게으름을 합리화하는 핑계로 사용하고
  있지는 않나요?

- 내가 원하는 목표에 도달하기 위해 지금 나에게 꼭 필요한 안경(기술)은
  무엇인가요?

- '나는 원래 이런 사람이야'라고 믿고 있는 모습 중 사실은 기술이
  부족한 영역은 무엇인가요?

[Action Idea]
───── 기질을 넘어서는 작은 기술 연습하기 ─────

이번 주에는 성향 진단 결과 때문에 시도조차 하지 않았던 작은 일 하나
를 '기술'을 배워서 도전해 보세요. 예를 들어, 내향형(I)이라면 낯선 이
에게 3초 안에 인사하기 등을 시도해 보세요.

나의 강점은 남이 더 잘 볼 수 있다 :
타인의 시선에서 발견하는 나의 무기

우리는 자신을 잘 안다고 생각하지만, 정작 내가 타인에게 비치는 모습에 대해서는 맹점(Blind Spot)을 가지고 있습니다. 메리비안의 법칙(Mehrabian's Rule)에 따르면 대화에서 시각적, 청각적 요소가 차지하는 비중은 무려 93%에 달합니다. 치통 때문에 인상을 찌푸린 사람이 상대를 향해 짜증이라는 신호를 보내고 있다는 사실을 인지하지 못하는 것처럼, 우리의 진짜 강점 역시 내가 아닌 타인의 시선에서 더 선명하게 드러날 수 있습니다.

특히 자신의 강점을 찾는 영역에서 이 맹점은 더 커집니다. 한국 사회는 유독 겸손을 강조합니다. 무엇을 한 가지 잘한다고 하면 "네가 잘해봤자 누구만큼 하겠냐."라는 비교의 잣대를 들이대다 보니, 우리는 "남들도 다 이 정도는 하지."라며 자기 보석을 묻어버립니다. 하지만 남들이 당신에게 자주 하는 칭찬이 있다면, 설령 당신에게는 너무나 당

이타적 성장

연하고 쉬운 일이라도 그것이 당신의 강력한 무기일 확률이 높습니다.

[Case]
나에겐 당연했던 일이 알고보니 '독보적인 무기'였다

저는 오랫동안 제가 무엇을 잘하는지 몰라 스스로를 채찍질해 왔습니다. 저에게 주어진 일을 완수하는 것은 그저 당연한 책임감이라 생각했지 그것이 특별한 재능이라고는 꿈에도 생각하지 못했습니다. 이런 저의 고정관념을 깨뜨려 준 결정적인 사건은 삼성전자의 글로벌 사회 공헌 사업인 '솔브 포 투모로우(Solve for Tomorrow)' 프로젝트 참여였습니다.

전 세계 청소년들이 디자인 씽킹(Design Thinking)으로 세상을 바꾸는 이 거대한 프로젝트는 시작부터 험난했습니다. 촉박한 일정 속에서 교사들을 위한 영문 매뉴얼을 제작해야 했고, 전문가 섭외부터 대본 집필, 심지어 메시지 전달력을 높이기 위한 드라마 형식의 영상 촬영까지 산더미 같은 일들이 쏟아졌습니다. 일이 진행될수록 판은 커졌고, 저는 밀려오는 파도를 막아내듯 정신없이 현장의 문제들을 해결해 나갔습니다.

당시 저는 "이게 과연 잘되고 있는 걸까?"라며 끊임없이 불안해했습니다. 하지만 프로젝트가 성공적으로 마무리될 무렵, 함께했던 팀원들과 파트너들이 저에게 건넨 말들은 예상 밖이었습니다. "우 소장님은 복잡하게 엉킨 실타래에서 가장 먼저 실마리를 찾아내시네요. 소장님과 함께라면 어떤 난관도 결국 해결될 거라는 믿음이 생겨요."

그제야 깨달았습니다. 저에게는 '일이 되게끔 끝까지 답을 찾아내는 집요함'과 '복잡한 문제를 단순화하는 문제 해결력'이라는 강력한 강점이 있다는 사실을요. 저에게는 숨 쉬듯 당연했던 노력이 타인의 눈에는 대체 불가능한 전문성으로 보였던 것입니다.

이후 저는 유사한 프로젝트를 맡을 때마다 훨씬 더 단단한 자신감을 갖게 되었습니다. '내가 무엇을 잘하는지'를 명확히 인지하자 기업의 고질적인 문제를 해결하거나 새로운 비즈니스 모델을 컨설팅하는 과정에서도 주저함 없이 전문성을 발휘할 수 있었습니다. 타인이 비추어 준 거울 덕분에 비로소 제 안의 진짜 무기를 발견했고, 그 강점을 기반으로 더 많은 사람을 돕는 '진짜 전문가'의 길로 들어설 수 있었습니다.

[Skill]
타인의 시선에서 나의 '무기'를 발견하는 법

우리는 자신의 강점을 찾으려 할 때 자꾸만 내면을 깊이 파고듭니다. 하지만 내 눈에는 보이지 않는 나의 등 뒤를 남들이 더 잘 보듯, 나의 진짜 강점은 나보다 타인이 더 정확하게 발견할 때가 많습니다. 나의 원석을 다이아몬드로 바꾸는 두 가지 실천 기술을 소개합니다.

(1) 나만 모르는 '강점의 맹점' 확인하기

우리는 스스로 잘하는 일에 대해서는 '이건 누구나 하는 거 아니야?'라고 과소평가하는 경향이 있습니다. 이때 주변 사람들에게 가벼운 질문을 던지는 것만으로도 내가 가진 뜻밖의 능력을 발견할 수 있습니다.

- **어떻게 할까요?**

  가까운 동료나 지인 3~5명에게 짧은 메시지를 보내보세요. "제가 일을 하거나 대화할 때, 당신이 보기에 유독 쉽고 편하게 해내는 것 같은 모습이 뭔가요?"라고 물어보는 것입니다. 그들이 공통적으로 말하는 포인트가 바로 당신의 '숨겨진 무기'입니다.

- **그 속의 원리**

  심리학에서는 이를 '조하리의 창(Johari's Window)' 이론 중 '맹점(Blind Spot)'의 영역이라고 부릅니다. 나는 모르지만 타인은 알고 있는 나의 모습입니다. 이 영역을 타인의 피드백으로 확인하고 내 인지 안으로 가져올 때, 우리는 비로소 자신의 강점을 전략적으로 사용할 수 있게 됩니다.

(2) 도움을 주는 과정에서 강점 날카롭게 하기

발견한 강점이 진짜 내 무기가 되려면 현장에서 사용해 봐야 합니다. 특히, 나의 이득이 아니라 타인을 돕기 위해 그 능력을 발휘할 때, 강점은 훨씬 더 날카롭고 정교하게 다듬어집니다.

- **어떻게 할까요?**

  이번 주에 동료나 친구가 겪고 있는 작은 문제 하나를 나의 강점으로 해결해 주겠다고 자원해 보세요. 정리를 잘한다면 복잡한 자료를 요약해 주고, 말을 잘 들어준다면 고민 상담을 자처하는 식입니다. 보상 없이 남을 돕기 위해 강점을 쓸 때, 우리는 그 기술을 더 즐겁게, 그리고 깊이 있게 연구하게 됩니다.

- **그 속의 원리**

무언가를 단순히 배우는 것보다 '가르치거나 도울 때' 학습 효율이 극대화된다는 사실은 이미 잘 알려져 있습니다. 타인의 문제를 해결하기 위해 내 강점을 꺼내 쓰는 과정은 일종의 '실전 훈련'이 됩니다. 이 과정이 반복될 때 평범했던 나의 재능은 누구도 대체할 수 없는 압도적인 전문성으로 진화합니다.

이타적 성장

─── 나를 깨우는 질문 ───

- 주변 사람들이 나에게 자주 하는 칭찬 중, 내가 대수롭지 않게 넘겼던 말은 무엇인가요?

- 내가 가진 능력을 최고들과 비교하며 스스로 과소평가하고 있지는 않나요?

- 내가 만약 누군가의 문제를 해결해 줘야 한다면, 나는 어떤 방식으로 돕는 것이 가장 편안한가요?

[Action Idea]
─── 주변인 대상 강점 인터뷰 실천하기 ───

이번 주에는 지인이나 나를 잘 아는 동료 3명에게 연락해 보세요. "저와 일을 하거나 대화할 때 느끼는 저만의 독특한 강점이 무엇이라고 생각하세요?"라고 묻고 기록해 보세요.

내 잔이 비었을 때 나눔을 시작하라 :
비워야 채워지는 성장의 원리

성장이 정체되고 매너리즘에 빠졌다고 느낄 때가 있습니다. 저는 이것을 '무언가를 정리해야 하는 신호'라고 해석합니다. 잔이 비어서가 아니라, 이미 꽉 차서 더 이상 새로운 것이 들어올 틈이 없기에 생기는 증상이기 때문입니다. 이때 한 단계를 뛰어넘는 유일한 방법은 내가 가진 것을 누군가에게 전해 주는 것입니다. 당연하게 해왔던 일들을 타인에게 설명하기 위해 구조화하는 과정에서, 우리는 이전에 보지 못했던 새로운 관점과 깊이를 발견하게 됩니다.

우리가 느끼는 빈 공간은 사실 너무 꽉 차서 굳어버렸기 때문에 생깁니다. 지식과 경험이 내 안에만 머물며 흐르지 못하면, 뇌는 더 이상 새로운 자극을 받아들이지 못합니다. 이때 필요한 것이 바로 비움입니다. 나누는 행위는 단순히 남을 돕는 것이 아니라, 내 성장의 막힌 혈을 뚫는 가장 적극적인 돌파구입니다.

[Case]
소모되는 느낌이 들 때, 채우기보다 '비우기'를 선택하다

강사로서 18년 넘게 활동하며 감사하게도 쉴 틈 없는 일정을 소화해 왔습니다. 하지만 어느 순간부터 마음 한구석에 공허함이 자리 잡기 시작했습니다. 수십 차례 반복되는 비슷한 강의와 정해진 교육 프로세스를 따라가다 보니 성장한다는 느낌보다는 제가 가진 에너지가 야금야금 소모되고 있다는 느낌이 강해졌습니다.

처음에는 이 공허함을 '공부'로 채우려 했습니다. 평소처럼 책을 탐독하고, 최신 논문과 새로운 강의를 찾아서 들었습니다. 하지만 이상하게도 지식은 머리에 들어오지 않았고, 오히려 '무언가 더 채워야 한다'는 압박감에 스트레스만 깊어 갔습니다. 잔은 이미 가득 차서 넘치기 일보 직전인데, 그 위에 계속해서 새로운 물을 들이붓고 있었던 셈입니다.

결국 저는 방향을 바꿨습니다. 더 채우는 대신, 내 안에 쌓인 것들을 정리해서 밖으로 흘려보내기로 한 것입니다. 그동안 기업 컨설팅과 현장에서 쌓아온 노하우들을 하나씩 정리해 주변 동료와 후배들에게 아낌없이 나누기 시작했습니다. 강의 횟수를 의도적으로 줄여 여백을 만들었고, 그 시간에 돈이 되는 일이 아닌 '진심 어린 나눔'에 집중했습니다.

놀라운 변화는 그때 시작되었습니다. 내가 가진 것을 가르치고 나누는 과정에서 예전에는 미처 몰랐던 지식의 깊은 이면을 새롭게 깨닫게 된 것입니다. 누군가를 돕고 그들로부터 진심 어린 감사를 받는 경험은,

어떤 보상보다 강력하게 제 소진된 마음을 채워주었습니다. 스트레스는 씻은 듯 사라졌고, 비워낸 자리에는 현장을 바라보는 더 깊은 통찰과 여유가 차올랐습니다.

　이후 제 강의는 이전보다 훨씬 깊어졌고, 컨설팅 영역 또한 한 단계 더 높게 성장했습니다. 성장은 무언가를 끝없이 소유하는 과정이 아닙니다. 내 잔을 비워 타인에게 나눌 때, 그 비워진 자리에 비로소 더 맑고 깊은 지혜가 채워진다는 사실을 저는 비로소 온몸으로 이해하게 되었습니다.

[Skill]
소진된 마음을 다시 채우는 '비움'의 기술

열심히 공부하고 정보를 채워 넣어도 머릿속이 복잡하기만 하다면, 그것은 에너지가 부족해서가 아니라 이미 가득 차서 순환되지 않기 때문입니다. 성장이 멈춘 것 같은 정체기에는 내 안에 쌓인 것을 밖으로 흘려보낼 때 새로운 것들이 차오릅니다.

(1) 나를 가장 빠르게 성장시키는 '나눔의 공부법'
우리는 보통 완벽히 알아야 가르칠 수 있다고 생각합니다. 하지만 실제로는 누군가를 가르치고 나눌 때 비로소 내 지식이 완성됩니다. 소진된 느낌이 들 때 내가 가진 노하우를 주변에 아낌없이 풀어놓아 보세요.

- **어떻게 할까요?**

내가 가진 작은 팁이나 업무 매뉴얼을 정리해 동료들과 공유하는 시간을 가져보세요. 돈이 되는 일이 아니어도 좋습니다. 누군가에게 내 지식을 설명하는 순간, 엉켜있던 생각들이 정리되고 내가 무엇을 알고 모르는지 명확해집니다.

- **그 속의 원리**

이를 교육학에서는 '학습 피라미드(Learning Pyramid)' 원리라고 합니다. 강의를 듣기만 할 때의 기억률은 5%에 불과하지만, 타인을 가르칠 때의 학습 효율은 90%에 달합니다. 나눔은 남을 돕는 행위인 동시에 나를 가장 높은 수준으로 성장시키는 최고의 학습 전략입니다.

(2) 무기력을 치료하는 '이타적 자아 치유'

번아웃이나 무기력은 대개 '내가 소모되고 있다'는 느낌에서 옵니다. 이때 대가를 바라지 않고 타인에게 순수한 기여를 하면, 뇌는 내가 '소모되는 존재'가 아니라 '누군가에게 가치를 주는 유능한 존재'라는 신호를 스스로에게 보내기 시작합니다.

- **어떻게 할까요?**

지적인 나눔이 버겁다면 아주 사소한 친절부터 시작해 보세요. 동료를 위해 커피 한 잔을 타주거나, 뒷사람을 위해 문을 잡아주는 작은 행동도 좋습니다. 그 과정에서 돌아오는 "고맙습니다."라는 한마디가 소진된 당신의 마음을 다시 일어서게 하는 강력한 연료가 됩니다.

• 그 속의 원리

심리학에서는 이를 '이타주의적 자아 치유'라고 부릅니다. 타인을 도움으로써 '나는 가치 있는 사람이다'라는 자기 효능감을 회복하는 것입니다. 남을 돕는 행위는 뇌의 보상 회로를 자극해 스트레스를 낮추고, 정체기에 빠진 우리를 다시 성장으로 이끄는 심리적 회복력을 만들어 줍니다.

- 내 업무가 지루하게 느껴진다면, 내가 가진 노하우 중 무엇을 공유할 수 있을까요?

- 너무 지쳐 있다면, 오늘 내가 몸을 움직여 할 수 있는 사소한 도움은 무엇인가요?

- 나눔을 통해 내 지식을 구조화할 수 있는 작은 무대를 어디에서 찾을 수 있을까요?

동료나 후배에게 내가 가진 아주 작은 노하우 하나를 정성껏 설명해 주는 시간을 가져보세요. 혹은 주변 공간을 정리하며 내면이 어떻게 채워지는지 관찰하세요.

09

누군가는 반드시 당신의 뒷모습을 보고 있다 :
아무도 없는 줄 알았던 그 순간, 누군가는 나를 읽고 있었다

수많은 기업과 기관을 다니며 강의하다 보면, 문득 낯익은 얼굴을 마주할 때가 있습니다. "소장님, 저 기억하세요? 예전에 다니던 회사에서도 강의 들었었는데!"라며 반갑게 인사를 건네오는 분들을 만나면 반가움과 동시에 묘한 긴장감이 찾아옵니다. 지금에야 어엿한 강사라 자부하지만 초보시절 실수를 기억하는 분일수도 있으니까요.

내가 아무도 모를 것으로 생각하며 내뱉은 말 한마디, 무심코 보였던 태도 하나가 누군가의 기억 속에는 결정적인 나의 '흔적'으로 남을 수 있습니다. 사람은 어디서든 흔적을 남기고, 그 흔적들이 모여 결국 나라는 사람의 '평판'을 만듭니다. 누군가가 나를 지켜보고 있다는 사실을 안다는 것 매 순간을 더 정직하고 성실하게 살아야겠다는 단단한 다짐을 하게 합니다.

최근 기업들이 인재를 채용할 때 가장 공을 들이는 것이 바로 '레퍼

이타적 성장

런스 체크(평판 조회)'라고 합니다. 화려하게 꾸며진 이력서나 자기소개서보다 실제로 함께 일했던 동료들이 그 사람에 대해 어떻게 말하는지가 합격을 결정짓는 중요한 열쇠가 된 것입니다. 기회는 결코 거창한 무대 위에서만 오지 않습니다. '내 업무는 여기까지야'라고 선을 긋는 대신, 남들이 보지 않는 곳에서 묵묵히 보여준 성실함이 결국 나의 앞길을 열어주는 가장 확실한 레퍼런스가 됩니다. 당신이 걷고 있는 그 뒷모습이 누군가에게는 당신을 신뢰할 수 있는 근거가 될 수 있음을 기억하십시오.

[Case]
절실함을 가지고 주어진 일에 최선을 다할 때 찾아오는 선물

강사로서 첫발을 내딛던 시절, 저는 스승님의 강의를 따라다니며 현장의 모든 궂은일을 도맡아 처리했습니다. 수십 개의 의자를 나르고 책상을 배치하며 음향 시스템을 점검하는 것은 물론, 강연 콘서트가 있는 날엔 피아노를 치고 노래를 부르기까지 했습니다. 당시 저에게 현장은 배움의 터전인 동시에, 어떻게든 살아남아 가치를 증명해야 하는 치열한 생존의 무대였습니다.

어느 리테일 기업의 우수 사원을 대상으로 한 힐링 과정 중이었습니다. 며칠간 이어진 강행군으로 몸살 기운이 심했고 목소리조차 나오지 않는 최악의 상태였습니다. 하지만 2일 차 콘서트 무대에서 노래를 불러야 하는 상황을 피할 수는 없었죠. 쥐어짜듯 노래를 이어가던 그때, 곁을 지나가던 누군가가 혼잣말처럼 내뱉은 한마디가 들렸습니다.

"참, 애쓴다. 애써"

순간 거대한 자괴감이 밀려왔습니다. '누군가는 나의 이 간절함을 그저 안쓰러운 몸부림으로 보는구나.' 싶어 마음이 아팠습니다. 하지만 저는 그 시선에 아랑곳하지 않고 끝까지 책임을 다해 무대를 마쳤습니다. 제가 할 수 있는 최선은 누군가 보고 있든 아니든, 제게 맡겨진 뒷모습을 성실하게 채우는 것뿐이었기 때문입니다.

놀라운 일은 몇 년 뒤에 일어났습니다. 당시 현장에 있었던 교육 담당자가 저를 잊지 않고 연락해 온 것입니다. 그는 저에게 '서비스 진정성' 강의를 제안하며 이렇게 말했습니다. "그때 소장님이 최악의 상황에서도 끝까지 웃으며 자리를 지키던 모습을 봤습니다. 저렇게 진심을 다하는 분이라면 우리 직원들에게 진짜 진정성을 전해줄 수 있겠다고 생각했습니다."

당시 저는 홀로 분투하고 있다고 생각했지만, 실은 그 담당자의 눈이 저의 가장 정직한 레퍼런스를 기록하고 있었던 셈입니다. 그날의 1시간 강의는 압도적인 신뢰로 이어졌고, 이후 10년 넘게 해당 업계의 핵심 파트너로 일하게 되었습니다. 기회는 내가 목소리를 높일 때가 아니라, 아무도 보지 않는다고 생각한 순간에 보인 나의 '뒷모습'을 통해 찾아옵니다.

　　　　　　　　이타적 성장

[Skill]
보이지 않는 뒷모습을 '압도적인 평판'으로 바꾸는 법

기회는 대개 화려한 무대 위가 아니라, 아무도 나를 신경 쓰지 않는다고 생각한 사소한 순간에 싹을 틔웁니다. 타인의 기억 속에 '믿고 맡길수 있는 사람'이라는 강력한 인상을 남기기 위한 두 가지 기술을 소개합니다.

(1) 일의 맥락을 읽는 '전략적 시야' 갖기

나에게 주어진 역할만 해내는 사람은 '일꾼'이 되지만, 그 일이 일어나는 전체 맥락을 살피는 사람은 '파트너'가 됩니다. 단순히 시키는 일을 넘어 이 일이 왜 필요한지, 다음 단계에는 무엇이 올지를 한 걸음 앞서 고민해 보세요.

- **어떻게 할까요?**

  보고서 하나를 쓰더라도 '이걸 읽는 상사의 고민은 무엇일까?'를 먼저 생각하고, 회의를 준비할 때도 '우리 팀의 최종 목적이 무엇인가?'를 자문해 보는 것입니다. 이 작은 차이가 상대방에게 '이 사람은 단순히 일하는 게 아니라 나를 돕고 있구나'라는 확신을 줍니다.

- **그 속의 원리**

  이를 '시스템 사고(Systems Thinking)'라고 합니다. 부분에만 매몰되지 않고 전체의 연결성을 파악하는 능력입니다. 맥락을 읽는 사람의 행동에는 진정성이 묻어날 수밖에 없고, 그 진정성이 바로 사람들의 마음을 움직이는 가장 강력한 평판이 됩니다.

(2) 기대를 뛰어넘는 '압도적 준비'의 힘

누군가 나를 지켜보고 있다는 사실을 인지하면, 준비의 농도가 달라집니다. 상대방이 "이렇게까지 준비했다고?"라며 감탄하는 그 지점이 바로 기회가 운명으로 바뀌는 변곡점입니다.

- **어떻게 할까요?**

  10분의 짧은 대화나 작은 미팅이라도 상대의 최근 관심사나 고민을 미리 파악하고, 내가 줄 수 있는 작은 해결책을 하나라도 더 챙겨가 보세요. 남들이 보지 않는 곳에서 흘린 땀방울은 현장에서 여유와 자신감으로 드러나며, 이는 곧 당신의 압도적인 브랜드가 됩니다.

- **그 속의 원리**

  심리학의 '후광 효과(Halo Effect)'는 여기서도 강력하게 작동합니다. 어느 한 부분에서 보여준 철저한 준비성은 그 사람의 나머지 능력치까지도 신뢰하게 만듭니다. 당신이 남긴 성실한 뒷모습은 당신이 그 자리를 떠난 뒤에도 남아서 당신을 대신해 기회를 영업해 줄 것입니다.

[Self-Question]
──────── 나를 깨우는 질문 ────────

• 나는 지금 나의 역할에 스스로 선을 긋고 있지는 않나요?

• 낯익은 사람이 언제 어디서 나를 마주치더라도 당당할 만큼 오늘 하루
  를 성실하게 살았나요?

• 누군가가 나를 지켜보고 있다면, 나의 뒷모습에서 어떤 흔적을 발견
  할까요?

[Action Idea]
──────── 사소한 업무에서 한 걸음 더 기여하기 ────────

이번 주에는 나에게 주어진 일의 범위를 살짝 넘어서 보세요. 동료의 일
을 돕거나, 회의 준비를 평소보다 조금 더 정성스럽게 해보는 것입니다.

⑩
생존을 위한 치열함이 진짜 안정감을 만든다 :
오늘을 잘 해내야 다음이 있다

강사라는 직업을 가지고 살아가는 일은 마치 끝없는 파도를 타는 것과 같습니다. 수입은 늘 불안정하고, 캘린더에 적힌 미래의 일정이 비어 있으면 심장은 속도를 높여 뜁니다. 나보다 더 똑똑한 후배들이 계속해서 등장하는 이 시장에서 언제든 내 자리가 대체될 수 있다는 불안은 강사 18년 차인 지금도 여전합니다.

우리는 흔히 '경제적 여유가 조금만 더 있다면 더 가치 있는 일을 할 텐데'라고 생각하곤 합니다. 하지만 제 경험은 조금 다릅니다. 정서적인 여유가 생겼을 때 더욱 미래지향적인 일을 할 줄 알았지만, 정작 제가 한 일은 유튜브 영상을 시청하며 시간을 보내는 것이었습니다. 치열하게 생존을 고민하지 않으니 뇌는 금방 나태해졌습니다. 역설적으로 치열하게 돈을 벌기 위해 살았던 시간이 지금의 저를 만들었습니다.

[Case]
오늘을 살아내기 위한 절박함이 만든 독보적인 전문성

한때 저는 생존을 위해 전국으로 수천 킬로미터를 운전하며, 단 한 시간의 강의를 위해 달려가곤 했습니다. 차 안에서는 끊임없이 녹음된 지식을 듣고, 밤이 되면 다음 날의 강의안을 수정하며 치열한 하루하루를 보냈습니다. 특히, 럭셔리 리테일 브랜드를 대상으로 강의하기 시작했을 때, 명품의 세계를 잘 몰랐던 저에게 주어진 과제는 막막해서 없는 시간을 쪼개서라도 더 노력을 쏟아야 했습니다.

저는 단순히 이론을 공부하는 것에 그치지 않았습니다. 매장의 백 오피스에서 판매 과정이 어떻게 흘러가는지 낱낱이 관찰했고, 셀러들이 고객에게 제품을 프레젠테이션하는 과정을 수없이 지켜봤습니다. 제품의 특성, 시즌 캠페인, 심지어는 브랜드의 역사까지 국내외 자료를 샅샅이 뒤졌습니다. 매장 직원들의 출근부터 퇴근까지 전 과정을 함께하며 인터뷰를 진행했고, 나중에는 한국 대표를 직접 만나 브랜드가 지향하는 철학을 묻기도 했습니다.

주변에서는 저를 보며 고개를 저었습니다. 처음에는 도움을 주던 이들도 나중에는 "이렇게까지 하지 않아도 된다.", "그 정도면 충분하다."며 저를 만류했습니다. 하지만 저는 멈출 수 없었습니다. 직접 그 현장에서 일해본 것이 아니기에, 제가 가진 부족함을 채울 방법은 오직 현장을 씹어 삼키듯 공부하는 것뿐이었기 때문입니다. 단순히 교육 한 번을 진행하는 것치고는 과하다는 말을 들으면서도 저는 절박하게 매달렸습니다.

그때 저를 움직인 것은 거창한 사명감보다 '이번 강의를 완벽하게 해내서 반드시 다음 기회를 만들어야 한다.'는 생존의 욕구였습니다. 누군가는 "나중에 경험이 쌓이면 좋아질거야"라고 말했지만, 저에게는 당장 오늘 누군가에게 실질적인 도움을 줄 수 있는 전문가여야만 했습니다.

남들보다 한 걸음만 더, 한 깊이만 더 들어가고자 했던 그 절박한 노력이 결국 저만의 독보적인 전문성을 만들었습니다. 미래에 도움이 될 사람이 될 때까지 기다리지 마십시오. 지금 당장 누군가의 삶에 변화를 일으킬 수 있도록 자신을 몰아붙이는 그 치열함이, 역설적으로 당신에게 가장 단단한 성장과 안정감을 선물할 것입니다.

[Skill]
불안을 확신으로 바꾸는 전문가의 생존 기술

불안은 대개 미래에 대한 불확실성에서 옵니다. 하지만 진짜 전문가는 '미래에 잘될 거야'라는 막연한 낙관 대신, '오늘 내 앞의 문제를 반드시 해결한다'는 절박함으로 그 불안을 잠재웁니다. 치열한 노력을 평생의 안정감으로 바꾸는 두 가지 전략을 제안합니다.

(1) 오늘의 압도적 품질이 내일의 '안전장치'다

성장은 미래의 목표를 세울 때가 아니라, 지금 맡은 일을 남들보다 '한 걸음 더' 깊게 파고들 때 일어납니다. 상대방이 "이 정도까지 조사했어?"라고 묻는 그 지점이 당신의 대체 불가능한 영역이 시작되는 곳입니다.

- **어떻게 할까요?**

  주어진 업무를 단순히 완수하는 것에 그치지 말고, 그 일의 생태계를 이해하기 위해 집요하게 파고들어 보세요. 매장을 수없이 돌며 고객의 숨소리까지 관찰하는 것처럼, 현장의 목소리를 직접 듣고 데이터 이면의 진실을 찾는 '한 끝의 디테일'을 더하는 것입니다.

- **그 속의 원리**

  이를 '전문가적 수련(Deliberate Practice)'이라고 합니다. 단순히 반복하는 것이 아니라, 자신의 한계를 넘어서고자 의도적으로 난이도를 높여 몰입하는 과정입니다. 오늘 당신이 보여준 압도적인 품질은 "저 사람에게 맡기면 반드시 해결된다."는 강력한 평판이 되어, 당신의 미래를 지켜주는 가장 확실한 계약서가 됩니다.

(2) 막연한 여유보다 '완전한 몰입'을 추구하기

우리는 흔히 일이 없을 때 마음이 편안할 것이라 오해합니다. 하지만 진짜 정서적 안정감은 아무것도 하지 않을 때가 아니라, 내가 가진 모든 역량을 쏟아부어 문제를 해결하고 있을 때 찾아옵니다.

- 어떻게 할까요?

불안이 엄습할 때일수록 책상 앞에 앉아 현장 자료를 하나 더 들여다보거나 관련 전문가와 인터뷰를 시도해 보세요. '나중에 좋아지겠지'라는 생각은 불안을 키우지만, '지금 당장 도움이 되겠다'는 절박함으로 시작한 공부는 당신의 근육이 되어 무기력을 몰아냅니다.

- 그 속의 원리

긍정심리학에서 말하는 '몰입(Flow)' 상태입니다. 자기 기술 수준과 과제의 난이도가 높은 지점에서 만나 완전히 집중할 때, 인간은 불안을 잊고 최상의 행복감과 유능감을 느낍니다. 오늘을 잘 해내기 위해 자신의 한계를 뛰어넘어 행동하는 그 고단함이 당신을 가장 단단하게 만들어줄 것입니다.

──────── 나를 깨우는 질문 ────────

• 나는 지금 막연한 여유를 기다리며 오늘 해야 할 치열한 고민을 미루고 있지는 않나요?

• 나에게 일을 맡긴 상사 혹은 클라이언트가 "저 사람에게 맡기면 정말 안심이 된다."고 느낄 만큼 오늘 최선을 다했나요?

• 지금 내가 느끼는 피로감은 성장을 위한 치열함인가요, 방향을 잃은 분주함인가요?

[Action Idea]
──────── 오늘 맡은 일을 내일의 계약이라 생각하고 완수하기 ────────

이번 주에 맡은 일 중 하나를 골라, 이 일이 나의 다음 커리어를 결정 짓는 유일한 기회라고 가정하고 120%의 에너지로 완벽하게 마무리해 보세요.

11

강점이 극대화될 수 있는 역할을 어필하라 : 나의 가치를 높이는 전략적 포지셔닝

많은 직장인들이 "내 강점을 남들에게 알리면 일만 더 많아지는 것 아니야?"라는 공포를 가집니다. 조용히 내 할 일만 하고 싶은 사람에게 강점을 어필하는 것은 어쩌면 스스로 무덤을 파는 일처럼 보일지도 모릅니다. 하지만 여기서 우리는 질문을 던져야 합니다. "나는 단순히 퇴근을 기다리고 주어진 업무만 처리하는 수동적 존재로 남을 것인가, 아니면 가치를 증명하며 성장하는 창조적 존재가 될 것인가?"

강점을 어필하는 목적은 단순히 일을 늘리기 위함이 아닙니다. 내가 잘하지도 못하는 일을 붙잡고 고통받는 악순환에서 벗어나, 내가 가장 잘하는 일에 집중하여 압도적인 성과를 내기 위함입니다. 약점을 보완해서 평범해지기보다, 강점을 극대화해서 대체 불가능한 존재가 되는 것이 이 시대의 생존 전략입니다.

[Case]
단순한 강의 요청을 '10배 규모의 프로젝트'로 바꾼 제안의 기술

국내의 한 대형 은행으로부터 연락이 왔습니다. 직원들의 서비스 마인드를 향상하기 위한 짧은 강의를 맡아달라는 의뢰였습니다. 예전에도 함께 작업했던 클라이언트였기에 반가운 마음으로 미팅에 나갔지만, 담당자와 대화를 나눌수록 제 머릿속에는 '과연 1시간의 강의로 이 문제가 해결될까?'라는 의문이 커졌습니다.

저는 단순히 강의 커리큘럼을 설명하는 대신, 그들이 마주한 근원적인 문제가 무엇인지 함께 고민하기 시작했습니다. 고객의 관점에서는 무엇이 불편할지, 현장에서 일하는 직원들에게는 어떤 동기부여가 필요할지, 그리고 이 교육이 전사적으로 어떤 영향력을 미쳐야 할지를 통합적으로 분석했습니다. 저의 가장 큰 강점은 흩어져 있는 문제들을 조합해 하나의 완성된 전략으로 꿰어내는 '기획력'이었고, 저는 그 무기를 꺼내 들기로 했습니다.

미팅 자리에서 저는 준비해 간 강의안을 잠시 내려놓고, 이 프로젝트의 전체 그림을 새롭게 그리기 시작했습니다. 서두르지 않고 천천히, 타사의 성공 사례와 이 은행이 추구하는 방향성을 연결하며 설득했습니다. "단순히 지식을 전달하는 강의보다는, 학습자들이 스스로 공감하고 먼저 찾아보고 싶게 만드는 매력적인 콘텐츠가 필요합니다. 그래야만 전사적인 변화로 확산할 수 있습니다."

강의 한 번의 예산보다 10배가 넘는 견적이 필요한 제안이었지만, 저는 확신이 있었습니다. 제가 단순히 '강사'가 아닌 전체 프로젝트를 책임지는 'PM(Project Manager)'으로서 역할을 수행할 때 가장 좋은 결과가 나올 것임을 진심으로 보여주었습니다.

결과는 놀라웠습니다. 은행 측은 저의 제안을 전적으로 수용했고, 이전에 없던 혁신적인 교육 캠페인 영상과 기획물이 탄생했습니다. 만족도는 역대 최고였으며 이를 계기로 저는 단순한 외부 강사를 넘어 해당 은행의 핵심 비즈니스 파트너로 신뢰를 쌓아 더 큰 사업들을 이어가게 되었습니다. 나의 강점을 정확히 알고, 상대의 필요에 맞춰 그 강점을 '전략적 해법'으로 전환할 때 비즈니스의 체급이 달라진다는 것을 증명한 소중한 경험이었습니다.

[Skill]
나의 강점을 '비즈니스 가치'로 전환하는 법

나만 알고 있는 강점은 무기가 될 수 없습니다. 내 강점이 상대방에게 실질적인 '도움'이 될 수 있다는 확신을 줄 때, 비로소 강점은 비즈니스의 기회로 바뀝니다. 나의 가치를 제대로 전달하는 세 가지 전략을 제안합니다.

(1) 신뢰가 쌓일 때까지 기다리는 '절대 시간의 법칙'

전문가로서의 제안이 상대에게 거부감 없이 받아들여지려면, 먼저 현재 맡은 일에서 완벽한 신뢰를 얻어야 합니다. 조급하게 내 능력을 과시하려 들면 오히려 상대는 저항감을 느끼게 됩니다.

- 어떻게 할까요?

지금 나에게 주어진 작은 역할부터 완전하게 해내세요. '이 사람은 기본이 확실하다'는 믿음이 쌓여야 당신의 더 큰 제안이 '기회'로 들리기 시작합니다.

- 그 속의 원리

신뢰는 계단식으로 쌓입니다. 사소한 약속과 업무 퀄리티가 모여 '신뢰 자본'이 형성되면, 당신이 나중에 제안하는 10배 규모의 프로젝트도 상대방에게는 '위험'이 아닌 '투자'로 인식됩니다.

(2) 상상을 현실로 만드는 '가시적인 증거물'

전문성은 눈에 보이지 않습니다. 상대방이 당신의 능력을 머릿속으로만 그려보게 하지 마세요. 당신이 일을 잘한다는 사실을 한눈에 확인할 수 있는 구체적인 결과물을 제시해야 합니다.

- 어떻게 할까요?

그동안 작업했던 포트폴리오, 기획안, 결과 보고서, 혹은 성과를 증명하는 영상 등을 체계적으로 정리해 두세요. "잘할 수 있습니다."라는 백 마디 말보다, 잘 해냈던 기록 한 장이 훨씬 강력합니다.

- 그 속의 원리

인간의 뇌는 추상적인 개념보다 시각적인 정보에 훨씬 더 강하게 반응합니다. '시각적 증거'를 제시하는 순간, 클라이언트는 당신과 함께 일했을 때 얻게 될 결과물을 구체적으로 예측하게 되고, 이는 곧 계약과 협업으로 이어집니다.

(3) 나를 대신해 말해주는 '강력한 지지자'들

나의 입으로 내 강점을 자랑하는 것은 '어필'에 그치지만, 타인의 입을 통해 전해지는 나의 평판은 '증명'이 됩니다. 평소 나의 강점을 아낌없이 나누어 주변 사람들을 나의 든든한 조력자로 만드세요.

- **어떻게 할까요?**

동료나 클라이언트가 어려움을 겪을 때 당신의 강점으로 대가 없이 도와주세요. 그들이 당신의 실력에 감동해 주변에 "이 사람 정말 제대로다!"라고 말하게 만드는 '자발적 홍보대사'가 되게 하는 것입니다.

- 그 속의 원리

제3자의 칭찬은 직접적인 자기 자랑보다 수십 배 더 높은 신뢰도를 가집니다. 이를 마케팅에서는 '사회적 증거(Social Proof)'라고 합니다. 타인이 전하는 당신의 성공 사례는 당신의 전문성을 가장 객관적이고 강력하게 보증해 주는 최고의 자산이 됩니다.

이타적 성장

―――――― 나를 깨우는 질문 ――――――

- 내가 지금 잘하지 못하는 일을 붙잡고 시간을 낭비하고 있지는 않나요?

- 나의 강점을 한눈에 보여줄 수 있는 나만의 포트폴리오가 준비되어 있나요?

- 주변 사람들에게 "이것 하나는 정말 끝내주게 잘해!"라는 말을 듣고 싶은 '이것'은 무엇인가요?

[Action Idea]
―――――― 나만의 강점 포트폴리오와 '자발적 홍보대사' 만들기 ――――――

이번 주에는 나의 강점을 잘 알고 있는 지인에게 물어보세요. "다른 곳에 저를 소개할 때, 저의 어떤 부분을 가장 강조하면 좋을 것 같은가요?" 그 대답이 당신의 마케팅 메시지가 됩니다.

12

보이지 않는 곳에서 피어나는 영향력 :
도움이 되고 있다는 확신이 주는 힘

우리는 종종 거대한 기계의 아주 작은 부품처럼 느껴질 때가 있습니다. '내가 오늘 공들여 준비한 이 한마디가 상대방의 삶에 정말 티끌만큼의 변화라도 일으킬 수 있을까?' 하는 의구심이 드는 것은 당연합니다. 특히, 변화의 속도가 느린 조직문화나 사람의 마음을 다루는 일을 할 때면, 성과가 즉각적으로 보이지 않아 허무함이 찾아오기도 합니다.

하지만 영향력은 결코 직선으로 흐르지 않습니다. 타인을 돕는다는 것은 단순히 지식을 전달하는 행위를 넘어, 그 사람의 성장에 나의 시간을 동기화하는 작업입니다. 내가 누군가에게 도움이 되고 있다는 확신은 우리를 더 진정성 있게 만들고 다시금 나를 공부하게 하는 강력한 성장의 동력이 됩니다.

[Case]
3년을 기다려 싹을 틔운 진심, 신뢰라는 이름의 선물

어느 날, 조직문화를 새롭게 바꾸고 싶다며 한 담당자가 저를 찾아왔습니다. 의욕은 넘쳤지만 제 눈에는 우려되는 지점이 많았습니다. 그는 이직한 지 얼마 되지 않아 조직의 생리를 충분히 파악하지 못한 상태였고, 당장 거창한 변화를 끌어내기엔 기반이 약해 보였습니다. 하지만 변화를 향한 그의 간절함에 동의했기에, 저는 최선을 다해 컨설팅 방향을 잡고 정성껏 제안서를 써주었습니다. 그가 조직 안에서 성공하기를 진심으로 바랐기 때문입니다.

그렇게 1년이 흐른 뒤 다시 연락이 왔습니다. 조직 상황은 변해 있었고, 저는 그 변화에 맞춰 다시 새로운 해결책을 제안하며 미팅을 이어갔습니다. 하지만 이번에도 실제 사업으로 연결되지는 않았습니다. 솔직히 말하면 기운이 빠지는 일이었습니다. '내 조언과 제안이 그저 정보만 제공하고 끝나는 건 아닐까?' 하는 회의감이 들기도 했습니다. 하지만 저를 찾아온 손길을 외면하지 않았습니다. 중간중간 연락을 주고받으며 고민을 들어주었고, 비즈니스 관계를 넘어 한 사람의 혁신가로서 그를 지지했습니다.

그로부터 무려 3년이 흘렀습니다. 바쁘게 지내다보니 잊고 있었던 그 담당자로부터 떨리는 목소리의 전화를 받았습니다. "소장님, 드디어 시작할 수 있게 되었습니다! 소장님이 말씀하셨던 대로, 지난 3년간 조직 안에서 신뢰를 쌓고 힘을 기르며 때를 기다렸습니다. 소장님이 제안해 주신 컨설팅 전략을 품고 설득한 끝에 드디어 경영진의 승인을 받았습니다."

그 순간 멍한 감동이 밀려왔습니다. 3년 전 제가 뿌린 씨앗이 담당자의 인내라는 토양을 만나 보이지 않는 곳에서 조용히 뿌리를 내리고 있었던 것입니다. 당장의 매출로 연결되지 않아 아쉬워했던 제 마음이 부끄러워질 만큼, 그는 저의 진정성을 믿고 긴 시간을 버텨주었습니다.

이 경험을 통해 깊이 깨달았습니다. 도움을 요청하는 사람에게 책임감을 가지고 전한 진심은 절대 사라지지 않습니다. 그것은 상대의 마음속에 신뢰라는 단단한 자산으로 쌓여, 가장 적절한 때에 가장 아름다운 꽃을 피워냅니다. 누군가의 시간을 묵묵히 기다려주며 건네는 도움은, 결국 나 자신에게 가장 큰 보람과 확신이라는 선물로 되돌아옵니다.

[Skill]
보이지 않는 곳에서 성장을 기다리는 기술

우리는 흔히 도움을 주면 즉각적인 반응이나 결과가 오기를 기대합니다. 하지만 진짜 영향력은 눈에 보이지 않는 뿌리부터 시작되어 오랜 시간 뒤에 꽃을 피우곤 합니다. 지치지 않고 진정성을 유지하기 위해 우리는 두 가지 기술을 알아야 합니다.

이타적 성장

(1) 상대방의 '성장 시차'를 존중하기

도움의 씨앗을 뿌리는 것은 나지만, 그것이 싹을 틔우는 시점은 상대방의 환경과 속도에 달려 있습니다. 내 마음처럼 결과가 빨리 나오지 않는다고 해서 내 노력이 헛수고라고 단정 짓지 마세요.

- **어떻게 할까요?**

  '왜 내 제안을 실행하지 않지?'라고 조급해하기보다, '상대방이 지금 처한 토양에서 이 씨앗이 뿌리를 내리려면 어떤 시간이 더 필요할까?'를 고민해 보세요. 3년 뒤에 연락해 온 담당자처럼, 상대는 당신의 조언을 품고 자기만의 싸움을 치열하게 이어가고 있을지도 모릅니다.

- **그 속의 원리**

  이를 교육학에서는 '지연된 보상(Delayed Gratification)'의 원리라고 합니다. 진정한 변화는 계단식으로 일어나며, 임계점에 도달하기 전까지는 아무런 변화가 없는 것처럼 보입니다. 타인의 성장을 기다려 주는 인내는 그 자체로 가장 높은 수준의 전문성이자 배려입니다.

(2) '성공'보다 '연결'의 가치에 집중하기

사업적인 계약이나 가시적인 성과를 유일한 성공의 척도로 삼으면 쉽게 기운이 빠집니다. 하지만 내가 건넨 진심이 한 사람의 생각에 영향을 주었다면, 그 연결 자체를 성공으로 정의해 보세요.

- **어떻게 할까요?**

프로젝트의 성사 여부와 상관없이, 도움을 요청한 사람에게 '이 사람만큼은 내 편이다'라는 확신을 주는 것에 집중하세요. 당장 계약은 안 되더라도 그가 당신을 신뢰하게 되었다면, 이미 미래의 가장 강력한 비즈니스 파트너를 얻은 셈입니다.

- **그 속의 원리**

심리학의 '이타주의적 책임감'은 역설적으로 나를 가장 크게 성장시킵니다. '나의 한마디가 이 사람의 조직 생활을 바꿀 수 있다'는 책임감을 느낄 때, 우리는 더 깊이 공부하고 더 정교한 해결책을 고민하게 됩니다. 타인을 돕기 위해 쏟은 정성은 결국 부메랑이 되어 나의 전문성을 날카롭게 만들어 줍니다.

—— 나를 깨우는 질문 ——

- 내가 오늘 건넨 도움 중 쓸모가 있을까 의심했던 일은 무엇인가요?

- 지금까지 성장해 오는 과정에서 결정적인 영향을 주었던 나의 은인
  은 누구인가요?

- '나는 지금 누군가의 성장을 돕고 있다'는 확신이 100% 든다면 나의
  표정은 어떻게 달라질까요?

[Action Idea]
—— 1년 뒤 상대방이 보낼 감사 편지 상상하기 ——

이번 주에 누군가에게 도움을 주었다면, 그 사람이 1년 뒤 당신에게 보
낼 감사 편지의 내용을 미리 상상해 보세요. 그 상상이 당신의 오늘을
더 뜨겁게 만들어줄 것입니다.

13

나만의 고유한 색깔을 브랜드로 만드는 법 : 지문 같은 개성과 압도적인 실력

목소리가 지문 같은 가수들이 있습니다. 한 소절만 들어도 누군지 알 수 있는 사람들입니다. 과거의 조직은 전반적으로 뛰어난 '올라운더 (All-rounder)'를 선호했습니다. 하지만 이제는 나만이 낼 수 있는 소리가 브랜드가 되는 시대입니다. 인공지능(AI)이 도입되면서 우리가 가진 부족한 영역은 기술이 보충해 주고, 인간은 오직 자신만의 특별한 통찰과 개성에 집중할 수 있는 환경이 열렸기 때문입니다.

중요한 것은 나만의 고유한 색깔을 인지하고, 그것을 안정감 혹은 독창성이라는 브랜드로 구축해 나가는 행동입니다. 독보적인 보이스를 가졌다면 인공지능(AI)이라는 반주자를 만나 뛰어나게 노래할 수 있는 슈퍼 개인이 될 수 있고, 전반적으로 다 잘하는 실력파라면 그 안정감을 신뢰라는 리더십의 바탕으로 치환할 수 있습니다. 브랜딩은 하루아침에 이루어지지 않습니다. 이 책의 Part 1에서 고민했던, 나에 대한 깊은 성찰이 쌓여 결국 당신만의 브랜드 이미지를 만들게 될 것입니다.

[Case]
기술이라는 반주를 만나 터져 나온 나만의 음색

현장에서 강사들을 만나다 보면 탁월한 업계 전문성과 말하기 실력을 갖췄음에도, 유독 '문서 작업'이나 '제안서 작성'이라는 벽 앞에서 좌절하는 분들을 봅니다. 이들은 어떻게든 해보려 엄청난 에너지를 쓰지만, 정작 결과물에서는 본연의 매력이 사라진 채 평범한 서류 뭉치만 남기곤 했습니다.

최근 인공지능(AI) 기술이 발전하며 저는 이분들의 고민이 단숨에 해결될 것이라 믿었습니다. 하지만 현실은 달랐습니다. 문서를 잘 만들지 못하던 분들은 AI를 활용할 때도 남들이 하는 방식을 그대로 답습하다 보니, 정작 본인이 가진 천재적인 현장감은 온데간데없이 사라지고 기계적인 결과물만 내놓게 된 것입니다.

저는 이분들에게 "남들처럼 문서를 잘 만들려고 애쓰지 말고, 당신의 '목소리 지문'을 AI라는 반주에 얹어보자"고 제안했습니다. 글보다 말이 편한 분에게는 음성 녹음을 텍스트로 전환해 구조화하게 했고, 시각적 감각이 뛰어난 분에게는 아이디어 스케치만으로 디자인을 해결해 주는 젠스파크(Genspark) 같은 AI 도구를 활용하게 했습니다.

그러자 그들만의 독특한 개성과 압도적인 전문성이 결과물에 고스

란히 묻어 나오기 시작했습니다. 영상, 음성, 이미지 등 각자에게 최적
화된 방식으로 구현된 통찰은 이전에는 없던 새로운 시장을 열었습니
다. 브랜딩은 나를 깎아 기술에 맞추는 것이 아니라, 내가 가진 고유한
색깔을 기술이라는 도구를 통해 '가장 나답게' 드러내는 과정임을 다시
한번 확신하게 되었습니다.

[Skill]
나만의 '지문'을 브랜드로 만드는 기술

기술이 상향 평준화될수록 대중은 '가장 인간다운 개성'에 열광합니다.
AI라는 도구를 지렛대 삼아 당신만의 독보적인 브랜드를 구축하는 법
을 소개합니다.

(1) 약점에 매몰되지 말고, '강점의 도구'를 선택하기

모든 AI 도구를 다 잘 쓸 필요는 없습니다. 내 강점이 '말'인지, '시각'인
지, 혹은 '데이터'인지 파악하고, 그 강점을 가장 멋지게 출력(Output)해
줄 도구를 선별해야 합니다.

- **어떻게 할까요?**

  제안서 양식을 채우는 게 고통스럽다면 억지로 키보드를 잡지 마
  세요. 대신 당신의 통찰을 말로 녹음하고, 그것을 구조화해 주는
  도구를 선택해 '나만의 목소리'를 담아내세요. 기술은 내 실력을

대신하는 것이 아니라, 내 안의 보석이 잘 보이도록 닦아주는 연마제여야 합니다.

• 그 속의 원리

이를 '인지적 도구 활용(Cognitive Tooling)'이라고 합니다. 보조 도구를 쓰되 방향성은 내가 결정하는 것입니다. 나에게 맞는 도구를 쓸 때 뇌의 스트레스는 줄어들고 창의적 지문은 더욱 선명해집니다.

(2) AI의 결과물에 '나만의 경험 데이터'를 입히기

AI가 만든 결과물이 뻔해 보이는 이유는 '나의 역사'가 빠져 있기 때문입니다. 도구를 쓰더라도 그 핵심에는 반드시 당신만이 겪은 현장의 땀방울이 묻어 있어야 합니다.

• 어떻게 할까요?

AI에게 명령어를 넣을 때 단순히 정보를 묻지 마세요. '내가 10년 동안 현장에서 만난 고객들의 공통적인 불만 A와 내가 해결했던 B라는 경험을 녹여서 제안서를 써줘'라고 요청하세요. 당신만의 에피소드가 들어가는 순간, 그것은 누구도 복제할 수 없는 독보적인 브랜드가 됩니다.

• 그 속의 원리

브랜딩의 정점은 '차별화'에 있습니다. 누구나 쓰는 보편적인 기술 위에 당신만의 고유한 경험(경험 자산)을 얹으세요. 이 책의 Part 1에서 고민한 '나에 대한 깊은 성찰'이 바로 AI가 절대 흉내 낼 수 없는 당신만의 강력한 브랜드 이미지가 됩니다.

- 사람들이 나를 떠올릴 때 단번에 생각나는 단 한 소절의 매력은 무엇인가요?

- 나의 특별함을 가로막는 약점을 보완하기 위해 활용할 수 있는 도구는 무엇인가요?

- 나는 독창적인 개성을 추구하나요, 아니면 안정감을 추구하나요?

[Action Idea]
─── 나만의 브랜드 키워드 정의하기 ───

Part 1에서 고민한 나의 강점과 마인드셋을 종합하여 나를 정의하는 세 가지 키워드를 뽑아보세요. 브랜딩은 생각 속에 머물 때가 아니라, 기록으로 남겨질 때 시작됩니다.

Part 2. 심층 동기화

현장의 맥락과
사람의 마음을 읽는 법

누군가를 돕기 위해 우리가 가장 먼저 해야 할 일은 그가
서 있는 땅 온도를 느끼고, 그가 내뱉는 숨결의 무게를
이해하는 것입니다. 이를 우리는 동기화(Synchronization)라
부릅니다. Part 2에서는 현장의 낯선 언어를 해석하고,
상대방의 결핍에 안테나를 맞추며, 본질적인 문제를 발견
하여 마침내 같은 그림을 그리게 만드는 심층 동기화의
기술들을 다룹니다.

14

눈치는 가치를 만드는 긍정적인 안테나 : 상대의 필요에 주파수를 맞추는 법

비즈니스 현장에서 봉사는 단순히 행동하는 것이 아니라 상대가 필요한 것을 정확히 내미는 예술입니다. 상대는 무거운 짐을 들어주길 원하는데 나는 집 정리를 해주고 있다면, 그것은 노력이 들어간 행동일지는 몰라도 진정한 의미의 도움은 아닙니다.

상대의 상황과 맥락을 무시한 채 나의 방식대로만 도울 때 눈치가 없다고 말합니다. 여기서 눈치는 소심함이 아닙니다. 상대의 상태가 어떠한지, 나의 개입이 어떤 영향을 끼칠지 정밀하게 파악하는 심층 안테나입니다. 이타적 성장을 꿈꾸는 사람들은 이 안테나를 켜고 상대와 주파수를 맞추기 위해 기꺼이 눈치를 봅니다.

차가운 공기 속에서 찾아낸 '진짜 필요'의 실마리

저는 앞서 말씀드렸다시피 강의장에 30분에서 1시간 정도 일찍 도착합니다. 단순히 준비를 위해서가 아니라, 그 공간을 채우고 있는 공기의 온도를 살피기 위해서입니다. 유독 분위기가 싸한 강의실이 있습니다. 억지로 끌려왔거나 당장 처리해야 할 현업이 산더미처럼 쌓인 학습자들이 모인 곳입니다. 그럴 때면 저의 안테나는 바쁘게 움직이기 시작합니다. '이들의 눈빛이 왜 이렇게 날 서 있을까?'

한 기업의 프레젠테이션 기술 과정을 진행할 때였습니다. 담당자는 단호했습니다. "저희 직원들은 시키면 다 잘하니, 일단 한 명씩 발표시키고 피드백을 주시면 됩니다." 하지만 제 눈에 비친 학습자들은 발표 준비는커녕 노트북 화면을 뚫어지게 노려보며 무언가에 쫓기는 듯 보였습니다. 그들 곁으로 다가가 조심스럽게 말을 건네니 진짜 이유가 드러났습니다. 회사 전체가 사활을 건 대형 프로젝트 때문에 다들 밤샘 작업을 이어가느라 교육 준비를 전혀 하지 못한 상태였던 것입니다.

담당자는 높은 교육 만족도를 원했지만, 학습자들은 당장의 업무 부담이 줄어들기를 간절히 바라고 있었습니다. 그 팽팽한 긴장감 사이에서 저는 '눈치'라는 안테나를 세웠습니다. 그리고 담당자를 설득했습니다. "지금 이들에게 준비되지 않은 발표를 강요하는 건 고문입니다. 방식을 바꿔보죠. 지금 진행 중인 프로젝트를 현장에서 즉석 기획하고, 이를 프레젠테이션 구조로 정리하는 실습으로 대체하겠습니다."

학습자들에게도 선언했습니다. "오늘은 숙제를 검사하는 시간이 아닙니다. 여러분이 지금 고민하는 그 프로젝트를 더 매력적으로 만드는 전략을 함께 짤 것입니다."

강의실의 냉기가 조금씩 따뜻해지기 시작했습니다. 처음에는 다들 어색해하시다가 본인들의 실무와 직결된 주제를 다루자 집중도가 올라갔고, 동료들이 가진 프로젝트에 대한 깊은 이해까지 더해지며 그 어디서도 볼 수 없던 밀도 높은 시간이 만들어졌습니다. 눈치를 보며 주파수를 맞춘 덕분에 교육 만족도는 물론, 이후 저는 해당 프로젝트의 전문 자문 역할을 맡게되는 기대 이상의 성과를 거두었습니다.

[Skill]
상대의 필요에 주파수를 맞추는 '전략적 눈치' 활용법

비즈니스 현장에서의 눈치는 단순히 상대의 비위를 맞추는 기술이 아닙니다. 상대방이 처한 상황과 심리적 상태를 읽어내어, 내가 가진 전문성이 가장 효과적으로 전달될 수 있도록 '주파수'를 맞추는 지적인 활동입니다.

(1) 약속 시간 20분 전, 현장의 공기 읽기

상대방과 마주하기 전, 그 공간이 가진 정서적 온도를 미리 파악하는 것이 중요합니다. 분위기를 먼저 읽는 사람만이 상황에 휘둘리지 않고 대화를 주도할 수 있습니다.

- **어떻게 할까요?**

  공식적인 미팅이나 강의 시작 20분 전에는 도착해 보세요. 준비물만 챙기는 것이 아니라, 사람들의 표정과 분위기를 살피는 것입니다. "오늘 다들 바빠 보이시는데, 큰 프로젝트가 있으신가요?"와 같은 가벼운 질문 하나가 상대가 처한 진짜 상황을 파악하는 중요한 안테나가 됩니다.

- **그 속의 원리**

  이를 '상황 인지능력(Situational Awareness)'이라고 합니다. 주변 환경의 맥락을 빠르게 파악하고 적절한 행동 양식을 결정하는 능력입니다. 미리 공기를 읽어두면 상대의 차가운 태도나 무관심에 당황하지 않고, 그 이면의 원인을 찾아 대안을 제시할 수 있습니다.

(2) 주파수를 수정하는 '용기 있는 질문' 던지기

준비해 온 내용이 현장의 분위기와 맞지 않는다고 느꼈을 때, 그것을 밀어붙이는 것은 자칫 헛수고가 될 수 있습니다. 잠시 멈추고 상대의 현재 상태를 묻는 유연함이 필요합니다.

- **어떻게 할까요?**

  분위기가 경직되어 있거나 상대가 집중하지 못한다면 "잠시 확인해 봐도 될까요? 오늘 컨디션이나 현재 업무 상황이 어떠신가요?"
라고 솔직하게 물어보세요. 질문을 통해 상대의 결핍을 확인했다
면, 내가 준비한 내용을 그들의 필요에 맞춰 즉시 조정해야 합니다.

- **그 속의 원리**

  심리학의 '적응적 제어(Adaptive Control)' 원리입니다. 피드백에 따라
  목표 달성 경로를 유연하게 수정하는 과정입니다. 내 계획보다 '상
  대의 필요'를 우선순위에 두는 이 태도는, 상대방으로 하여금 "이
  사람은 나를 진짜 돕고 싶어 하는구나."라는 진정성을 느끼게 합
  니다.

[Self-Question]
──── 나를 깨우는 질문 ────

- 내가 편한 방식으로 돕고 있나요, 상대가 원하는 방식으로 돕고 있나요?

- 계획이 상대에게 방해가 된다고 느낄 때, 과감히 수정할 용기가 있나요?

[Action Idea]
──── '진짜 필요'를 묻는 직설적인 질문 던지기 ────

본격적인 미팅 시작 전, "오늘 우리가 어떤 결과를 낸다면 당신에게 가장 실질적인 도움이 될까요?"라고 솔직하게 질문해 보세요. 상대가 처한 현재의 맥락과 진짜 결핍을 확인하는 과정은 당신의 전문성이 엉뚱한 곳에 낭비되지 않도록 막아주는 가장 정확한 이정표가 됩니다.

⑮

숲의 나무가 다 같지 않음을 이해하는 디테일의 힘 :
이름보다 선명한 브랜드의 결을 읽는 법

우리는 흔히 같은 업종의 기업들은 문화가 비슷할 것이라 지레짐작합니다. 럭셔리 브랜드도 마찬가지 입니다. 명품이니까 다 비슷할 것이라는 일반화는 전문가도 빠지기 쉬운 함정입니다. 하지만 현장에 들어가 보면, 추구하는 가치의 우선순위부터 소통 방식까지 브랜드마다 지문처럼 다른 디테일이 존재합니다.

전문가로 인정받는다는 것은 이 사소해 보이는 차이를 읽어내고 맞춤형 솔루션을 제안하는 것입니다. 단순히 업계를 아는 것을 넘어, 이 브랜드가 일하는 방식의 디테일을 분석할 때 비로소 대체 불가능한 조력자가 됩니다.

[Case]
업계 출신이라는 뿌듯한 오해를 부른 '디테일의 미학'

럭셔리 리테일 강의 초기, 한 글로벌 브랜드 담당자가 저에게 숙제를 하나 던졌습니다. "소장님, 다 좋은 이야기보다 우리 직원들이 매일 아침 조회 시간에 겪는 갈등에 딱 맞는 답을 주세요." 그날 이후 저는 전국의 매장을 수시로 방문하며 그 갈등이 무엇일지 그들만의 공기를 살펴보기 시작했습니다.

럭셔리 브랜드들은 저마다 고유한 언어와 일하는 방식을 가지고 있습니다. 대부분의 직원을 CA(Client Advisor)라고 부르지만, 어떤 곳은 SA(Sales Associate)라고 칭합니다. 매장을 부르는 이름도 '메종'과 '스토어'로 나뉘며, 직급 체계 역시 팀 매니저부터 디렉터까지 브랜드마다 미묘하게 다릅니다. 저는 강의 전 이 단어들을 해당 브랜드에 맞춰 완벽하게 숙지하려고 애썼습니다. 우리 브랜드만이 사용하는 고유한 명칭을 강사가 정확히 불러주는 것, 그것이 현장 사람들의 마음을 여는 첫 번째 열쇠라고 믿었기 때문입니다.

이에 더해 브랜드의 뿌리인 헤리티지(Heritage)와 가치관을 깊이 공부했습니다. 때로는 브랜드 경험을 위해 직접 제품을 구매해 보기도 하고, 강의장에는 절대 경쟁 브랜드의 제품을 몸에 걸치고 가지 않는 원칙을 세웠습니다. 제가 지금 컨설팅하는 브랜드의 구성원인 것처럼 온전히 몰입하는 자세를 보여주고 싶었습니다.

이러한 데이터가 쌓인 뒤 강의를 진행하자, 현장 직원들이 놀라며 물었습니다. "소장님, 혹시 우리 업계 출신이세요? 어떻게 저희만 아는 용어와 상사들의 스타일을 그렇게 잘 아시나요?"

저는 리테일 업계 출신은 아닙니다. 하지만 그들이 일하는 방식과 소중히 여기는 가치를 누구보다 치열하게 연구했습니다. 제품 전문가가 아닐지라도, 그들이 일하는 현장의 전문가가 되자 저는 비로소 그들에게 진짜 파트너로 인정받을 수 있었습니다. 뜬구름 잡는 소리가 아닌, 그들의 언어로 대화하며 결을 맞추는 노력이 크나큰 신뢰를 만든 것입니다.

[Skill]
상대의 세계로 깊이 침투하는 '디테일 동기화' 기술

누군가를 제대로 돕기 위해서는 그가 사는 세계의 언어와 예절을 익혀야 합니다. 1%의 디테일을 채워 상대의 신뢰를 얻는 전문가의 태도를 소개합니다.

(1) '고유 언어'를 사용하여 심리적 거리 좁히기

모든 조직에는 그들만이 공유하는 '내부 언어'가 있습니다. 외부인인 내가 그 언어를 정확히 구사할 때, 상대방은 경계심을 풀고 소통의 문을 엽니다.

- 어떻게 할까요?

  프로젝트를 시작하기 전, 그 조직에서 사용하는 직함, 부서명, 약어 등을 모아 암기하세요. 미팅이나 제안서에서 일반적인 용어 대신 그들의 고유 명칭을 사용하면 '이 사람은 우리를 깊이 이해하고 있구나'라는 인상을 줍니다.

- 그 속의 원리

  사회심리학의 '내집단 편향(In-group Bias)'을 활용하는 것입니다. 같은 언어를 쓴다는 것은 같은 집단에 속해 있다는 강력한 신호가 됩니다. 사소한 명칭 하나를 맞춰주는 것만으로도 전문가의 수용도는 비약적으로 높아집니다.

(2) 보이지 않는 예절로 '진정성' 증명하기

전문가는 실력만큼이나 태도로 자신을 증명합니다. 상대방이 소중히 여기는 가치를 나 또한 소중히 여기고 있음을 행동으로 보여주어야 합니다.

- 어떻게 할까요?

  클라이언트의 경쟁사 제품을 사용하지 않거나, 그들의 기업 철학에 반하는 행동을 삼가는 등 '비즈니스 에티켓'을 철저히 지키세요. "누가 그런 것까지 보겠어?" 싶은 사소한 지점까지 챙기는 치밀함이 당신을 '대체 불가능한 전문가'로 만듭니다.

• **그 속의 원리**

이를 '동기화된 몰입(Synchronized Immersion)'이라고 합니다. 상대의 환경과 가치에 나를 일치시키는 과정입니다. 이러한 태도는 단순한 정보 전달을 넘어 "내가 당신을 돕기 위해 이만큼 준비했다."는 진심을 전달하며, 이는 곧 장기적인 파트너십의 기반이 됩니다.

- 나는 클라이언트를 업계 중 하나로 일반화하고 있나요, 고유한 디테일 을 발견하려 하나요?

- 상대방이 "당신은 우리를 참 잘 이해하는군요."라고 말할 정도로 현장 을 관찰했나요?

[Action Idea]
──── 클라이언트의 '조직 변화 흐름' 학습하기 ────

클라이언트의 창업 정신이나 최근 3년의 조직문화 변화에 관한 기사를 찾아 꼼꼼히 읽어보세요. 조직이 걸어온 변화의 궤적과 지향점을 이해 하는 것은 상대의 언어로 대화하며 깊은 신뢰를 구축하기 위한 가장 기 본적인 준비이자 대체 불가능한 디테일이 됩니다.

'그럴 수 있겠다'는 공감이 변화의 단초가 된다 :
분노를 수용으로 바꾸는 동기화의 기술

준비되지 않은 이들에게 변화를 강요하는 것은 폭력입니다. 받아들일 여력이 있지 않은데 아무리 바르고 필요한 조언이라 한들 전달의 순간부터 또 하나의 공격이 될 수 있기 때문이죠. 갑작스러운 일로 분노한 이들에게 "힘내세요."라는 말도 무력합니다. 이때 필요한 마법의 문장이 바로 "그럴 수 있겠다."입니다. 이 말은 방관이 아니라, 그의 고통을 있는 그대로 인정함으로써 닫힌 마음을 여는 심층 동기화의 시작입니다.

진심 어린 공감이 선행될 때, 분노는 수용으로 수용은 새로운 도전을 위한 에너지로 전환됩니다. 당신이 "그럴 수 있겠다."고 인정해 준다면 상대방은 쥐고 있던 분노를 내려놓고 다음을 생각할 수 있습니다.

[Case]
거부감의 벽을 허물고 다시 시작할 용기를 찾기까지

전문가로서 마주하는 어려운 순간 중 하나는, 스스로 원하지 않는 자리에 억지로 모인 사람들을 대할 때입니다. 특히 조직에서 성과가 기대에 미치지 못해 보충 교육을 받으러 온 분들을 대상으로 강의할 때가 그렇습니다. 비록 회사는 '역량 강화 과정'이라는 완곡한 표현을 쓰지만, 모인 이들은 자신이 왜 이곳에 왔는지 이미 짐작하고 있습니다. 강의실에는 억울함과 상실감, 그리고 미래에 대한 두려움이 뒤섞인 차가운 공기가 흐릅니다.

이런 상황에서 무턱대고 "열심히 해서 성과를 냅시다."라고 말하는 것은 오히려 반감을 키울 뿐입니다. 저는 먼저 그들의 무거운 침묵과 거부감을 그대로 인정하는 것부터 시작합니다. "이 자리에 오기까지 마음이 많이 불편하셨을 것 같습니다. 당연히 그럴 수 있습니다."

이 한마디에 비난 섞인 원망이 터져 나오기도 합니다. 저는 그 감정들을 묵묵히 다 받아내며 그들이 자신의 감정과 상황을 객관적으로 직면할 수 있게 돕습니다. 감정적인 찌꺼기가 어느 정도 비워진 뒤에야 비로소 "그렇다면 지금, 이 상황에서 나는 어떤 선택을 할 것인가?"라는 본질적인 질문을 던질 수 있기 때문입니다.

마음이 조금씩 열리기 시작하면, 저는 단순히 '열정'을 강조하기보다 당장 일상에서 바꿀 수 있는 구체적인 기술들을 제안합니다. 사소하지만 업무의 효율을 높이는 루틴의 변화, 시간 관리법, 작은 성취를 만드는 배움의 방식들을 하나씩 짚어줍니다. 변화는 거창한 결심이 아니라 사소한 행동의 수정에서 시작된다는 것을 알기에, 저는 그들이 다시 '유능감'을 느낄 수 있는 도구들을 쥐여주는 데 집중합니다.

다행히 많은 분들이 과정을 통해 '내가 바뀌어야 상황도 바뀐다'라는 사실을 스스로 다짐하며 돌아갔습니다. 당시 교육을 들었던 한분이 수년이 지난 후 연락이 왔습니다. 그는 그 때 자신의 감정을 직면하여 고민한 끝에 지금은 핵심 인재로 인정받으며 행복하게 일하고 있다고 했습니다.

공감은 단순히 상대의 기분을 맞춰주는 것이 아닙니다. 상대가 갇혀 있는 부정적인 감정의 방에서 걸어 나와 현실을 직시하고, 스스로 다음 발걸음을 뗄 수 있도록 돕는 가장 강력한 '동기화'의 기술입니다.

[Skill]
저항을 협력으로 바꾸는 공감과 직면의 기술

상대가 비협조적이거나 부정적인 태도를 보일 때, 논리로 맞서면 장벽은 더 높아집니다. 상대의 세계로 들어가 변화를 끌어내는 두 가지 단계를 제안합니다.

(1) 감정의 배출구를 열어주는 '수용의 언어'

이타적 성장

상대가 마음의 문을 닫고 있다면, 그 안에는 반드시 해소되지 못한 감정이 있습니다. 그 감정을 틀렸다고 말하기 전에 먼저 충분히 인정해 주어야 합니다.

- **• 어떻게 할까요?**

  상대가 날 선 반응을 보인다면 "그럴 수 있겠네요.", "그런 상황이라면 저라도 화가 났을 것 같습니다."라고 말하며 상대의 감정을 인정해 보세요. 내 의견을 전달하는 것은 상대가 충분히 '이해받았다'라고 느낀 뒤에 해도 늦지 않습니다.

- **• 그 속의 원리**

  심리학의 '감정 정화(Catharsis)' 효과입니다. 억눌린 감정을 밖으로 표출하고 수용 받는 경험만으로도 인간의 뇌는 방어 기제를 완화합니다. 수용은 상대의 논리에 동조하는 것이 아니라, 대화를 시작할 수 있는 정서적 토양을 만드는 작업입니다.

(2) 비난 대신 '작은 행동'에 집중하게 돕기

감정이 가라앉았다면, 이제는 과거의 원망이 아닌 미래의 행동으로 시선을 돌려주어야 합니다. 스스로 통제할 수 있는 작은 변화부터 시작하도록 돕는 것이 핵심입니다.

- **• 어떻게 할까요?**

  "자, 이제 어떻게 할까요?"라는 질문과 함께 아주 사소한 루틴의 변화를 제안하세요. "내일 아침 출근해서 가장 먼저 할 일 하나만 정해볼까요?"처럼 성공 확률이 높은 작은 과제를 부여하는 것입니다. 작은 성취감이 쌓여야만 부정적인 자아상을 극복하고 변화를 지속할 동력이 생깁니다.

• **그 속의 원리**

이를 '자기 효능감(Self-Efficacy) 회복'이라고 합니다. 내가 내 상황을 통제할 수 있다는 감각을 되찾아주는 것입니다. 공감으로 마음을 얻고, 기술로 발을 떼게 하는 것. 이것이 사람을 변화시키는 가장 전문가다운 방식입니다.

—— 나를 깨우는 질문 ——

- 나는 상대방의 저항을 나에 대한 공격으로 보나요, 상황의 산물로
  보나요?
- 변화를 거부하는 사람에게 다그치기 전, "그럴 수 있겠다."라고 진심
  으로 말해봤나요?

[Action Idea]
—— 내면의 '공감 안테나' 가동하기 ——

의견이 다른 사람을 만난다면 대꾸하기 전 마음속으로 "그럴 수 있겠
다, 나라도 그랬겠다."라고 세 번만 되뇌어보세요. 상대의 감정적 타당
성을 먼저 인정해 주는 심리적 여유는, 날 선 방어 기제를 무너뜨리고
진정한 변화를 이끄는 대화의 토양이 됩니다.

17

지향과 반향, 일의 의미를 디자인하는 두 개의 필터 : 관점의 확장이 만드는 통합적 성과

사람마다 일의 동기를 결정짓는 '의미 필터'가 다릅니다. 무언가 얻기 위해 움직이는 '지향(Toward)' 필터와 실수를 피하고 안전을 지키려는 '반향(Away-from)' 필터가 그것입니다. 지향 성향의 사람들은 성취하고 싶은 가치가 충족될 때 주도적이고 즐겁게 일하는 반면, 반향 성향의 사람들은 타인에게 피해를 주지 않거나 발생할 수 있는 문제를 사전에 방지하기 위해 더 성실하고 주도적으로 움직입니다. 지향은 새로움을 추구하는 폭발적인 힘을 주지만 정교함이 부족해 쉽게 포기할 수 있고, 반향은 탄탄한 안정감을 주지만 변화 앞에서 자칫 경직될 수 있는 특징이 있습니다.

누군가를 제대로 돕기 위해서는 상대가 지금 어떤 필터로 일을 보는지 파악해야 합니다. 세상에 지향만 있거나 반향만 있는 사람은 없습니다. 우리 안에는 이 두 가지 필터가 공존하고 있으며, 상황에 따라 선호하는 필터가 다를 뿐입니다. 지향과 반향은 자동차의 가속 페달과 브레이크처럼 성과를 내기 위해 모두가 갖춰야 할 필수적인 요소입니다. 따라서 내 성향을 먼저 이해하고 타인의 필터를 존중하며, 이 둘을 어떻게 적재적소에 적용해 동기부여 할 것인지 고민하는 과정이 통합적 성과를 만드는 핵심입니다.

[Case]
혁신의 열망과 안정의 니즈가 만나는 지점을 찾아서

빠르게 성장한 어느 스타트업의 조직문화 개선 프로젝트를 맡았을 때의 일입니다. 임원진은 '지향(Direction)'적 가치가 매우 강한 분들이었습니다. 그들은 경직된 문화를 깨고 창업 초기의 도전 정신을 되살리기 위해 재미있고 신나게 소통할 수 있는 화려한 이벤트를 기획하고 있었습니다. '직원들이 우리를 편하게 느끼고, 새로운 아이디어를 쏟아내길 바란다'라는 것이 그들의 목표였습니다.

반면, 직원들의 반응은 '반향(Reflection)'적 성향이 짙었습니다. 그들은 임원들이 제시한 것들을 현장에 안착시키고 사업을 지속 가능하게 만드는 '안정화'에 강점이 있는 분들이었습니다. 이들에게 화려한 이벤트는 또 다른 업무이자 부담일 뿐이었습니다. "그런 이벤트 할 시간에 일을 줄여주거나, 차라리 그 돈을 실질적인 보상으로 주면 좋겠다."는 냉담한 목소리가 터져 나왔습니다. 리더들은 돈은 돈대로 쓰고도 직원들이 몰라준다며 힘이 빠져 있었습니다.

저는 두 집단의 필터를 하나로 모으는 작업을 시작했습니다. 먼저 직원들에게는 막연한 비전 대신, 지금 변화하지 않으면 안 되는 이유와 구체적인 '지침(How to)'을 명확히 제시했습니다. 화려한 행사보다는 일을 더 효율적으로 처리할 수 있는 방식과 그에 따른 확실한 보상 체계를 디자인하는 데 집중했습니다. 동시에 임원진에게는 일회성 행사가 아닌, 직원들이 진짜 필요성을 느끼는 실질적인 혜택과 업무와 관련한 편안한 대화 채널 생성을 제안했습니다.

결과는 기대 이상이었습니다. 수천만 원을 들인 이벤트보다 서로의 언어로 일의 의미를 디자인한 결과가 훨씬 강력했습니다. 돈을 많이 쓰는 화려한 행사는 사라졌지만, 오히려 직원들에게 돌아가는 실질적인 혜택은 늘어났습니다. 무엇보다 큰 변화는 임원과 직원 사이의 장벽이 낮아져 일과 관련한 대화가 격식 없이 오가기 시작했다는 점입니다. 지향과 반향이라는 두 개의 필터를 동시에 활용했을 때, 비로소 조직은 균형 잡힌 성장의 궤도에 올라설 수 있었습니다.

[Skill]
지향과 반향을 통합하는 '가치 디자인' 기술

사람은 저마다 세상을 바라보는 고유한 필터이자 렌즈가 있습니다. 미래를 꿈꾸는 '지향'의 관점과 현재를 지키려는 '반향'의 관점을 조화시켜 공동의 목표를 달성하는 기술을 소개합니다.

(1) 상대의 렌즈에 맞는 '언어'로 통역하기

아무리 좋은 의도라도 상대가 사용하는 언어로 전달되지 않으면 오해
가 생깁니다. 상대가 무엇을 중요하게 여기는지 파악하고 그에 맞춰 메
시지를 재구성해야 합니다.

- **어떻게 할까요?**

  미래의 가치를 강조하는 리더에게는 '이 변화가 가져올 새로운 가
  능성'을 이야기하고, 현실의 안정을 중시하는 직원에게는 '이 변화
  를 통해 줄어들 리스크와 업무 효율'을 강조하세요. 리더와 직원이
  반대 관점이더라도 마찬가지입니다. 똑같은 프로젝트라도 상대의
  렌즈에 따라 설명 방식을 달리하는 것이 효과적인 소통법입니다.

- **그 속의 원리**

  이를 '프레임 전환(Reframing)' 기술이라고 합니다. 동일한 사안을
  상대의 가치 체계에 맞게 재해석하여 거부감을 낮추고 수용성을
  높이는 과정입니다. 상대의 렌즈를 존중할 때 비로소 협력의 문이
  열립니다.

(2) 비전(지향)과 가이드라인(반항)을 동시에 제공하기

꿈만 꾸는 조직은 실행력이 떨어지고, 규칙만 따지는 조직은 성장이 멈

춥니다. 목적지를 보여주는 비전과 그곳에 도달하기 위한 명확한 매뉴얼을 함께 제시해야 합니다.

- **어떻게 할까요?**

새로운 변화를 제안할 때 '우리는 왜 이 일을 하는가(Why)'에 대한 비전을 충분히 공유하되, 동시에 '그래서 당장 무엇을 해야 하는가(What & How)'에 대한 아주 구체적인 지침과 보상 체계를 덧붙이세요. 지향의 열정과 반향의 치밀함이 만날 때 일은 비로소 성과로 이어집니다.

- **그 속의 원리**

심리학의 '이중 프로세스 이론(Dual Process Theory)'과 맥을 같이 합니다. 인간의 직관적인 동기와 이성적인 분석을 동시에 만족시킬 때 변화는 가장 강력하게 일어납니다. 지향과 반향을 통합하는 디자인은 조직의 심리적 안전감과 성취감을 동시에 충족시키는 핵심 열쇠가 됩니다.

- 나는 주로 무엇을 얻기 위해 움직이나요, 무엇을 피하고자 움직이나요?

- 내 해결책은 지향적 희망과 반향적 안정감 사이에서 균형을 잡고 있나요?

[Action Idea]
—— 동기 부여의 '지향-반향 렌즈' 점검하기 ——

현재 진행 중인 주요 업무에 대해 '성공했을 때 얻을 보상'과 '실패했을 때 겪게 될 리스크'를 각각 3가지씩 적어보세요. 지향과 반향의 관점을 동시에 시각화하는 과정은 막연한 낙관이나 과도한 불안을 걷어내고, 가장 강력한 실행 동기를 만들어줍니다.

18

스무고개 너머의 본질을 찾는 법 :
모호한 요구를 선명한 전략으로 바꾸는 기술

아이와 차를 타고 갈 때 가끔 스무고개 게임을 합니다. 미리 답을 정해 두고 질문을 통해 정답에 다가가는 과정이죠. 때로는 예리한 질문으로 금세 답을 맞히기도 하지만, 어떤 때는 한참을 헤매기도 합니다. 비즈니스 미팅 현장에서도 이런 일은 빈번하게 일어납니다. 때로는 전문가를 검증하기 위해 답을 숨기기도 하지만, 대개는 클라이언트 본인조차 자신이 진짜 원하는 것이 무엇인지 명확하지 않을 때가 많습니다.

무엇을 해야 하는지는 알지만 어떻게 해야 할지 모를 때, 혹은 가장 큰 문제인 '왜(Why)' 이 일을 해야 하는지 모를 때도 있습니다. 이때 전문가의 역할은 단순히 상대가 시키는 일을 하는 것이 아닙니다. 스무고개 같은 대화와 질문의 과정을 통해 흩어진 생각들을 정리하고, 상대의 내면 깊숙이 숨겨진 진짜 니즈를 파악하여 그에 맞는 정교한 전략을 제시해야 합니다.

이타적 성장

[Case]
"알아서 잘해주세요."라는 말 뒤에 숨은 진짜 목소리

한 조직에서 '소통' 관련 강의 의뢰가 왔습니다. 담당자가 보내온 메일에는 상호 존중, 경청과 배려, 갈등 관리 등을 요청하는 교과서적인 키워드들이 가득했습니다. 방향은 훌륭했지만, 실제 일하는 현장에서 이 개념들을 어떻게 적용해야 할지 구체적인 접점이 보이지 않았습니다. 저는 곧장 미팅을 요청했습니다.

1차 미팅에서 담당자는 메일 내용을 그대로 반복했습니다. "기대하시는 구체적인 진행 방식이나 특별한 배경이 있나요?"라고 물었지만, 돌아온 대답은 "소장님이 알아서 잘해주시리라 믿습니다."였습니다. 신뢰의 표현이었지만, 전문가로서 저는 '왜 하필 지금 이 주제인가'를 알아야 했습니다. 더 깊숙한 질문을 던진 끝에 담당자는 솔직한 속내를 털어놓았습니다. "사실 위에서 시킨 일이라 저도 그대로 전달해 드리는 겁니다."

저는 거기서 멈추지 않고 담당자와 함께 '리더가 왜 이 과정이 필요하다고 느꼈을까'를 추론하기 시작했습니다. 회사의 현재 분위기, 부서 간의 협업 양상 등을 하나씩 짚어나가다 보니 진짜 문제가 보였습니다. 단순히 소통 기술이 부족한 게 아니라, 팀 간 갈등이 생길 때마다 격한 표현이 오가며 상호 존중의 문화가 무너진 것이 원인이었습니다. 이에 따라 생산성이 떨어지고 협업이 중단되는 상황이 반복되고 있었던 것이죠.

문제를 구체화하자 교육 콘텐츠는 명확해졌습니다. 담당자는 대화를 통해 "우리 회사가 진짜 해야 할 일이 무엇인지 이제야 알겠다."며 안도했습니다. 담당자조차 정의하지 못한 문제를 전문가의 안테나로 먼저 읽어내어 제안했을 때, 비로소 형식적인 교육을 넘어 조직의 아픔을 치유하는 진짜 솔루션이 시작되었습니다.

[Skill]
모호한 니즈를 '명중'의 화살로 바꾸는 문답 기술

상대의 요구가 추상적일수록 전문가는 더 날카로운 질문을 던져야 합니다. 안개 속에 가려진 본질을 끌어내어 동기화의 깊이를 더하는 두 가지 기술을 소개합니다.

(1) '왜 하필 지금인가'를 묻는 근원적 질문법

상대가 내놓은 '무엇(What)'에 매몰되지 말고, 그 요구가 나온 배경인 '이유(Why)'를 파악해야 합니다. 시점의 시급성을 이해할 때 가장 적절한 대안을 제시할 수 있습니다.

- 어떻게 할까요?

  "이 프로젝트가 지금 이 시점에 왜 중요한가요?" 혹은 "이 과정이 끝나고 나서 조직원들의 행동이 어떻게 바뀌기를 기대하시나요?"라고 물어보세요. 당장의 현상보다 미래의 결과에 집중하게 만들면 클라이언트의 숨은 의도가 자연스럽게 드러납니다.

- **그 속의 원리**

  이를 '5-Whys 기법'의 비즈니스적 적용이라고 합니다. 질문을 거듭하며 표면적인 요구 뒤에 숨은 본질적인 원인에 접근하는 과정입니다. 근원을 공략하는 질문은 상대로 하여금 당신을 '단순 수행자'가 아닌 '전략적 동반자'로 인식하게 만듭니다.

(2) 파편화된 정보를 하나의 '맥락'으로 구조화하기

상대가 쏟아내는 수많은 정보를 듣고만 있지 마세요. 전문가의 언어로 다시 정리하여 상대에게 "당신이 말하고 싶었던 것이 이것입니까?"라고 확인시켜 주어야 합니다.

- **어떻게 할까요?**

  대화 중간마다 "말씀하신 내용을 정리해 보면, 결국 A라는 현상 때문에 B라는 결과가 필요한 상황이군요."라고 구조화하여 되돌려주세요. 상대가 "맞아요, 바로 그겁니다!"라고 말하는 순간, 심층적인 동기화가 이루어지며 프로젝트에 대한 강력한 신뢰가 형성됩니다.

- **그 속의 원리**

  상담 심리학의 '반영(Reflection)'과 '요약(Summarizing)' 기술입니다. 상대의 말을 체계적으로 정리해주는 것만으로도 상대는 자신의 문제를 객관화하여 바라볼 수 있게 됩니다. 전문가는 답을 주는 사람이기에 앞서, 상대가 답을 찾을 수 있도록 거울이 되어주는 사람입니다.

이타적 성장

나를 깨우는 질문

- 상대의 "알아서 해주세요."라는 말속에 담긴 숨은 의미를 읽어낼 준비가 되었나요?
- 익숙하고 편안한 프로젝트나 업무더라도 그 일을 더 잘하기 위한 좋은 질문을 준비하고 있나요?

[Action Idea]
프로젝트의 '진짜 목적' 선명하게 정의하기

이번 주 진행 중인 프로젝트에 대해 '왜 이 일을 지금 꼭 해야 하는가?'라는 질문을 상대의 관점에서 다시 던져보세요. 모호한 요구 뒤에 숨겨진 본질적인 이유를 한 문장으로 명료하게 정리할 때, 당신의 전략은 빗나가지 않는 명중의 화살이 됩니다.

19

문제 너머의 본질을 꿰뚫는 힘 : 증상이 아닌 원인에 질문을 던져라

문제를 문제의 관점에서만 바라보면 결코 해결책을 찾을 수 없습니다. 문제에 매몰되는 순간, 우리는 눈앞에 드러난 현상을 수습하는 데만 급급해지기 때문입니다. 특히 조직의 문제를 해결할 때는 겉으로 드러난 '증상'을 치료하는 것보다, 그 증상을 일으킨 '본질적 원인'을 파악하는 것이 우선입니다. 뿌리를 찾아내어 다듬지 않으면 문제는 반드시 다른 형태로 다시 반복됩니다. 진짜 전문가는 상대가 들고 온 문제가 진짜 원인인지, 아니면 결과로 나타난 현상일 뿐인지를 집요하게 파고드는 사람입니다.

우리의 역할은 단순히 상대가 요청한 답을 내놓는 것에 그치지 않습니다. 때로는 그들이 보지 못하거나 차마 꺼내지 못한 진짜 아픈 곳을 찾아내어 직면하게 도와야 합니다. 질문은 그 본질을 파헤치는 전문가의 메스(Scalpel)가 됩니다. 위화감이 느껴지는 지점을 그냥 지나치지 않고 용기 있게 질문을 던질 때, 비로소 현상 이면에 숨겨진 진짜 가치가 드러납니다. 근원적 원인을 터치하는 해결책만이 조직의 체질을 바꾸고 지속 가능한 성장을 만들어낼 수 있습니다.

[Case]
5월에 찾아온 피드백 강의의 진실

한 조직으로부터 '리더들이 팀원들에게 피드백을 잘해주면 좋겠다'라는 주제로 교육 의뢰를 받았습니다. 해당 주제는 평범했지만 시기가 조금 이질적이었습니다. 보통 피드백 교육은 성과 평가가 이루어지는 연말이나 연초에 집중되기 마련인데, 뜬금없이 5월에 그것도 급하게 요청이 들어온 것이 의아했습니다. 평소 피드백 교육을 크게 중요하게 여기지 않던 곳이라 위화감은 더 컸습니다.

저는 제안서를 쓰다 말고 미팅을 요청했습니다. "피드백 교육을 지금 이 시점에 진행하시려는 특별한 배경이 있을까요?" 처음에는 말을 아끼던 담당자가 대화가 깊어지자 조심스럽게 진실을 털어놓았습니다. 최근 조직 내에 '직장 내 괴롭힘' 이슈가 불거졌는데, 그 발단이 리더의 잘못된 피드백 방식에서 시작되었다는 것이었습니다.

이 배경을 알게 되자 제가 준비했던 일반적인 피드백 기술들은 힘을 잃었습니다. 저는 즉시 교육의 방향을 전면 수정했습니다. 단순히 '말 잘하는 법'이 아니라, '존중의 경계를 지키는 피드백'으로 타이틀을 바꾸고, 특정인이 타격받지 않도록 사려 깊게 교육을 디자인했습니다.

교육 당일, 저는 단순히 기술을 가르치는 것을 넘어 갈등이 일어날 수밖에 없었던 현장의 구조적 문제들을 짚어냈습니다. 교육이 끝난 뒤에는 이 문제가 반복되지 않도록 제도적, 환경적 변화가 필요함을 경영진에 제안했습니다. 비록 조직이 하루아침에 바뀌지는 않았지만, 제 제안을 기점으로 서서히 이상적인 방향으로 조정되기 시작했습니다. 문제를 현상으로만 보지 않고 그 이면의 아픔을 읽어내려 노력했던 덕분에, 조직은 진정한 변화로의 물꼬를 텄고 저는 그 조직과 지속적인 신뢰 관계를 맺고 후속 교육까지 이어갈 수 있었습니다.

[Skill]
진짜 문제를 찾아내는 '딥 다이빙(Deep Diving)' 기술

현상 뒤에 숨은 본질을 찾아내기 위해서는 보이는 것을 의심하고 보이지 않는 것을 상상하는 훈련이 필요합니다. 전문가의 메스(Scalpel)를 정교하게 다듬는 두 가지 기술입니다.

(1) 위화감을 무시하지 않는 '직관의 촉' 세우기

일정의 촉박함, 메시지의 불일치, 시기의 부적절함 등 무언가 어색하다고 느껴지는 지점은 대개 진짜 문제로 가는 입구입니다.

- **어떻게 할까요?**

제안서를 쓰거나 프로젝트를 기획할 때 "이 상황이 자연스러운가?"라고 자문해 보세요. 만약 위화감이 느껴진다면 용기를 내어 질문해야 합니다. "제가 제안의 정확도를 높이기 위해 조금 더 알아야 할 맥락이 있을까요?"라는 정중한 질문 하나가 헛수고를 막아주는 가장 큰 방패가 됩니다.

• 그 속의 원리

이를 '비판적 탐구(Critical Inquiry)'라고 합니다. 주어진 정보를 그대로 수용하지 않고 그 이면의 논리와 의도를 분석하는 과정입니다. 위화감을 믿고 질문하는 태도는 당신을 '단순 조력자'에서 '본질적 해결사'로 격상시킵니다.

(2) 증상과 원인을 분리하는 '인과관계 분석'

클라이언트가 말하는 고통은 대개 '증상'입니다. 전문가는 그 증상이 발생한 '구조적 원인'이 무엇인지 분류해 낼 수 있어야 합니다.

• 어떻게 할까요?

문제가 발생한 현장을 개인의 역량 문제로만 치부하지 말고 시스템, 문화, 제도적 환경으로 나누어 살펴보세요. '팀장의 말투(현상)'가 문제라면, 왜 그런 말투가 용인되었는지 혹은 리더가 왜 그런 압박을 느꼈는지(원인)를 추적하는 식입니다. 원인을 터치하는 해결책만이 지속 가능한 변화를 만듭니다.

- **그 속의 원리**

경영학의 '근본 원인 분석(RCA, Root Cause Analysis)' 기법입니다. 다섯 번의 '왜(Why)'를 통해 문제의 핵심부에 도달하는 것입니다. 원인을 정확히 조준한 해결책은 최소한의 힘으로 최대한의 변화를 끌어내는 지렛대가 됩니다.

- 나는 지금 상대의 '열'만 내리려 하나요, 아니면 열이 나는 '근본 이유'

　를 궁금해하고 있나요?

- 상대의 요구사항 중 '왜 지금인가?'라는 질문에 답할 수 없는 부분이

　있나요?

[Action Idea]
───── 문제의 뿌리를 찾는 '원인 분석' 명확화하기 ─────

이번 주 진행 중인 업무 중 가장 해결하기 어려운 지점을 골라 '문제가

해결되지 않는 진짜 이유'를 다섯 번의 질문(5-Whys)을 통해 적어보세

요. 표면적인 증상을 넘어 근본 원인을 명확히 정의할 때 비로소 최소

한의 노력으로 최대의 변화를 끌어내는 진짜 지렛대 지점을 발견할 수

있습니다.

상대의 마음을 맞히는 명중의 기술 :
기대치의 주파수를 연결하라

미팅할 때 당신의 손과 눈은 무엇을 향하고 있나요? 단순히 대화 내용을 빠짐없이 기록하는 것만으로는 부족합니다. 진정한 전문가는 말 속에 숨겨진 강조점과 반복되는 키워드, 그리고 그 기업이 목숨처럼 소중히 여기는 가치들을 포착해 냅니다. 상대가 무심코 던진 단어들 속에 그들이 진짜 원하는 '명중'의 힌트가 들어있기 때문입니다. 이 소중한 원천 소스(Source Word)들을 제안서에 녹여낼 때, 상대는 '내 마음을 읽는 것 같다'는 깊은 신뢰를 보내게 됩니다.

진정한 소통은 내가 하고 싶은 말을 하는 것이 아니라, 상대방이 하고 싶었던 말을 더 나은 언어로 정리해 주는 과정입니다. 상대의 기대치와 나의 솔루션을 연결하는 작업은 마치 정밀한 튜닝과 같습니다. 현장의 맥락을 수집하고, 기업의 인재상과 경영진의 메시지를 분석하여 솔루션과 일치시키는 정교한 조율이 필요합니다. 기대치의 주파수가 정확히 연결되는 순간, 당신의 제안은 화살처럼 날아가 과녁의 한복판을 꿰뚫게 될 것입니다.

[Case]
누더기가 된 제안서를 '조직의 언어'로 다시 살려내다

5,000여 명의 임직원이 참여하는 50차수 규모의 대형 프로젝트를 맡았을 때의 일입니다. 시작은 순조로웠습니다. 의사결정권자인 부원장님의 요구사항이 명확했고, 초기 제안에 대해 매우 긍정적인 피드백을 받았습니다. 하지만 본격적인 실무 조율에 들어가면서 일이 꼬이기 시작했습니다. 보고 단계마다 "부장님은 이렇게 보실 것 같다.", "이사님은 이런 표현을 싫어하신다."라며 각 직급의 추측 섞인 요구사항이 덧붙여졌고, 수십 번의 수정을 거치며 제안서는 어느덧 본질을 잃은 누더기가 되어갔습니다.

이대로 끌려가서는 프로젝트가 실패할 것이라는 위기감이 들었습니다. 저는 근원적인 문제부터 다시 짚어보았습니다. 문제는 각자가 생각하는 그림과 사용하는 '언어'가 제각각이라는 점에 있었습니다. 저는 즉시 혼란스럽게 섞여 있던 용어들을 정리하고, 조직이 진정으로 지향하는 핵심 단어들을 추출하여 개념을 재정의했습니다. 각 단계의 결정권자들이 우려하는 지점을 해소할 수 있는 구체적인 사례를 보강하여 '모두가 동의할 수 있는 하나의 언어'로 제안서를 다시 썼습니다.

결과는 성공적이었습니다. 다시 정리된 제안서를 본 부원장님은 "초기 안보다 우리에게 훨씬 꼭 필요한 내용이 되었다."라며 흡족해하셨습니다. 저는 이 모든 공을 중간에서 치열하게 의견을 주신 실무진에게 돌렸습니다. 전문가로서 중심을 잡고 각 직급의 기대를 하나로 묶어낸 덕분에, 이후 50차수의 대장정 동안 모든 결정권자의 적극적인 지지를 받으며 최고의 만족도로 프로젝트를 마무리할 수 있었습니다.

[Skill]
상대의 기대치를 정조준하는 '매핑(Mapping)' 기술

상대의 기대를 명중시키기 위해서는 내 지식을 뽐내기보다 상대의 소스를 아카이빙하는 것이 우선입니다. 흩어진 요구사항을 하나의 가치로 묶어내는 두 가지 기술입니다.

(1) '원천 소스(Source Word)' 아카이빙하기

미팅 중 상대가 반복해서 사용하거나 강조하는 단어는 그 조직의 집단 무의식이 담긴 핵심 키워드입니다. 이를 놓치지 않고 기록하는 습관이 필요합니다.

- **어떻게 할까요?**

  대화 중 담당자의 눈빛이 반짝이거나 어조가 강해지는 순간의 단어들을 따로 메모하세요. 제안서를 작성할 때 그 단어들을 소제목이나 핵심 문구로 활용하면, 상대는 본능적으로 자기 조직의 철학과 일치한다는 느낌을 받게 됩니다.

- **그 속의 원리**

  이를 '언어적 미러링(Verbal Mirroring)'이라고 합니다. 상대의 고유한 언어 체계를 존중하고 반영할 때 정서적 유대감이 극대화됩니다. 상대의 언어로 답을 줄 때 제안의 명중률은 비약적으로 상승합니다.

(2) 결정권자들의 니즈를 통합하는 '가치 매핑'

여러 사람의 의견이 충돌할 때는 각각의 요구를 단순히 나열하지 말고, 조직의 '핵심 가치'라는 큰 틀 안에서 하나로 묶어주어야 합니다.

- **어떻게 할까요?**

  기업의 인재상, CEO의 신년사, 조직의 핵심 가치를 솔루션의 뼈대로 삼으세요. 상반된 의견이 나올 때 "부장님의 실무적 관점과 이사님의 전략적 관점은 결국 우리 조직의 핵심 가치인 '혁신'이라는 지점에서 이렇게 만납니다."라고 재정의해 주는 것입니다.

- **그 속의 원리**

  심리학의 '상위 목표 설정(Superordinate Goals)' 기술입니다. 서로 다른 이해관계를 더 큰 공동의 목표 아래 정렬시킴으로써 갈등을 해소하고 협력을 끌어내는 방식입니다.

─────── 나를 깨우는 질문 ───────

- 나는 상대의 원천 소스를 기록하나요, 아니면 내 지식만 일방적으로
  전달하려 하나요?
- 반복되는 수정을 짜증스러운 방해로 보나요, 아니면 조직의 맥락을
  읽는 중요한 힌트로 보나요?

[Action Idea]
─────── 신뢰를 부르는 '핵심 키워드' 피드백 공유하기 ───────

미팅 직후 대화 속에서 상대가 가장 많이 강조했던 '3대 키워드'를 요약
하여 감사의 인사와 함께 공유해 보세요. 상대의 원천 소스를 그대로 활
용한 요약은 '상대가 내 마음을 정확히 읽고 있다'는 확신을 주어 프로
젝트의 명중률과 신뢰도를 비약적으로 높여줍니다.

21

깨어 있는 학습이 만드는 동기화의 힘 :
낯선 세계에 침투하는 전문가의 공부법

일하면서 만나는 분들과 이야기를 나누다 보면 "이 정도로 진작 열심히 공부했으면 아마 좋은 대학에 갔을 것이다"라는 농담 섞인 진심을 자주 듣습니다. 저 역시 깊이 공감합니다. 우리 곁의 많은 전문가는 현장에서 살아남기 위해, 그리고 누군가에게 도움이 되기 위해 평생 공부를 멈추지 않습니다. 하지만 공부에 있어 가장 큰 장애물은 '이미 알고 있다'라는 착각입니다. 모르는 것을 부끄러워하며 아는 척하는 순간, 성장은 멈추고 현장과의 동기화는 어긋나기 시작합니다.

우리는 모든 분야의 전문가일 수 없습니다. 나의 전문성이 타인에게 진짜 가치가 되려면, 먼저 그들이 발 딛고 있는 세상을 치열하게 공부해야 합니다. 내 지식을 그들의 상황에 어떻게 연결할지, 나의 제안이 그들의 문제를 해결하는 데 정말 실효성이 있는지 끊임없이 질문하며 배워야 합니다. 진정한 동기화는 완벽하게 아는 상태가 아니라, 상대를 이해하기 위해 기꺼이 배우려는 겸손한 행동과 진심을 보여줄 때 비로소 완성됩니다.

[Case]
"도대체 양자가 뭐죠?" 인생의 위기를 기회로 바꾼 배움의 기술

저는 2024년부터 국가과학기술인력개발원(KIRD)의 객원교수로 활동하며 항공우주, 안전, 특허 등 수많은 낯선 분야를 접해왔습니다. 교수법 전문가로서 사전 공부를 통해 어느 정도 대응이 가능했기에, 낯선 지식에 대한 두려움은 크지 않았습니다. 그러던 제게 인생의 위기라 할 만큼 어려운 과제가 찾아왔습니다. 바로 '양자정보과학기술 강사 양성 과정'의 개발 의뢰였습니다. SK하이닉스 등에서 기술 관련 강의를 했던 경험 덕분에 "소장님이라면 양자 분야도 잘 풀어내실 것 같다."는 신뢰 섞인 제안을 받았고, 고민 끝에 도전을 수락했습니다.

하지만 양자의 세계는 상상 이상으로 험난했습니다. 기초 개념부터 완전히 새로운 영역이었고, 책을 읽고 영상을 봐도 외계어를 접하는 듯 막막했습니다. 후회 섞인 마음을 안고 전문가들을 만나기 위해 현장으로 향했습니다. 콘텐츠 개발을 위해 만난 전문가 한 분이 본인의 연구 내용을 설명하시더니 제게 물으셨습니다. "소장님, 제 말이 무슨 뜻인지 이해가 되요?" 저는 솔직하게 답했습니다. "거의 모르는 영역입니다. 다만 박사님을 뵙기 전 이런 공부를 해왔고, 제가 이해한 핵심은 이

것인데 맞을까요?"

제가 모르는 것을 인정하되 알기 위해 노력해 온 과정을 보여드리자, 그분의 눈빛이 달라졌습니다. "정말 공부를 많이 해오셨네요."라며 기초부터 하나하나 자세히 설명해 주셨습니다. 그분을 시작으로 양자정보통신, 양자바이오, 양자컴퓨팅 분야의 핵심 인력들이 저를 위해 기꺼이 선생님이 되어주셨습니다. 저의 목적은 양자 물리학자가 되는 것이 아니라, 이 어려운 기술의 필요성을 대중과 정책 입안자들에게 알리는 것이었습니다. 낯선 세계에 침투해 배운 지식에 저의 교수법 전문성을 결합하자, 마침내 국내 최초의 양자 분야 표준 교안이 탄생했습니다. 배움을 청하는 겸손함이 불가능해 보이던 기술과의 동기화를 가능하게 만든 것입니다.

[Skill]
낯선 분야를 내 것으로 만드는 '전문가의 학습법'

전문가의 공부는 정보 습득을 넘어 상대방에 대한 예의이자 신뢰 자본입니다. 낯선 영역에 빠르게 적응하여 가치를 만들어내는 두 가지 학습 기술을 소개합니다.

(1) 지식이 아닌 '노력의 에너지'를 증명하기

상대방은 전문가가 모든 것을 알기를 기대하지 않습니다. 하지만 자신들의 세계를 이해하기 위해 얼마나 노력했는지는 귀신같이 알아챕니다.

- **어떻게 할까요?**

  미팅 전 해당 분야의 최근 이슈, 전문 용어, 관련 보고서를 최소한 세 번 이상 정독하세요. 질문을 던질 때 단순히 "그게 뭐죠?"라고 묻기보다, "제가 찾아본 바로는 A라고 이해했는데, 실무에서는 어떻게 해석하시나요?"라고 묻는 것입니다. 노력의 흔적이 담긴 질문은 상대를 감동하게 하고 최고의 정보를 끌어내는 열쇠가 됩니다.

- **그 속의 원리**

  이를 '시그널링 이론(Signaling Theory)'으로 설명할 수 있습니다. 내가 들인 시간과 에너지가 상대에게 '나는 당신을 도울 준비가 되어 있다'는 강력한 신호로 전달되는 것입니다. 노력의 증명은 실력보다 먼저 신뢰를 쌓게 합니다.

(2) 배움을 청하는 '전략적 겸손함' 발휘하기

모르는 것을 아는 척하는 것은 전문가로서 가장 위험한 태도입니다. 오히려 모름을 인정하고 정중하게 가르침을 청할 때 진정한 동기화가 일어납니다.

- **어떻게 할까요?**

  "제가 이 분야의 기술적 깊이는 부족하지만, 박사님의 귀한 지식을 대중에게 잘 전달하는 '통역사' 역할을 하고 싶습니다. 이 부분을 조금 더 쉽게 설명해 주실 수 있을까요?"라고 요청해 보세요. 자신의 전문성을 인정해 주며 배움을 청하는 조력자에게 상대는 마음의 문을 열고 핵심 데이터를 공유해 줍니다.

• 그 속의 원리

심리학의 '프랭클린 효과(Benjamin Franklin Effect)'입니다. 누군가에게 도움을 요청하고 배움을 받는 과정에서 상대방은 오히려 도움을 요청한 사람에게 호감을 느끼고 더 적극적으로 돕게 됩니다. 겸손한 질문은 상대를 나의 가장 강력한 파트너로 만드는 기술입니다.

- 나는 뜬구름 잡는 '외부 전문가'인가요, 아니면 현장의 언어로 함께 고민하는 '동료'인가요?

- 최근 내가 "잘 모릅니다, 가르쳐 주십시오"라고 솔직하게 고백하며 배운 경험이 있나요?

이번 주 당신이 돕고 있는 상대의 비즈니스 현장을 직접 방문하여 실제 서비스를 이용하는 '고객'이 되어보세요. 책상 앞에서는 절대 알 수 없었던 현장의 고충과 고객의 생생한 반응을 몸소 체험할 때, 상대의 마음을 깊숙이 파고드는 살아있는 제안과 동기화가 가능해집니다.

이타적 성장

22

조직문화의 파도를 타고 일이 되게 만드는 사람 :
비판을 넘어 실행의 파트너가 되는 법

조직에는 비판적인 관찰자보다 '일이 되게 만드는 사람'이 절실히 필요합니다. 어떤 사안이 결정되기 전까지는 치열하게 비판적 사고를 하며 리스크를 점검하는 과정이 필요합니다. 그러나 일단 리더의 판단이 내려지고 방향이 결정되었다면, 그때부터는 이 일이 어떻게 하면 리스크 없이 진짜 원하는 목표에 도달할 수 있을지를 고민하는 것이 전문가의 역할입니다. 철학과 방향을 이해했다면 그것을 현실에서 실행하고 결과를 만들어내는 사람이 조직에서 가장 가치 있는 인재입니다. 전문가 역시 단순한 관찰자를 넘어, 리더의 전략을 현장에 설득력 있게 전달하고 실행의 동력을 만드는 '동기화의 조력자'가 되어야 합니다.

조직문화는 위에서 아래로 흐르는 성격이 강하며, 리더가 바뀌면 의사결정의 기준도 급격히 재편됩니다. 이때 변화에 저항하며 비판에 매몰되기보다, 어떻게 하면 이 새로운 흐름이 현장에서 살아 움직이게 할 것인지 고민하는 실행의 파트너가 되어야 합니다. 안 되는 이유를 찾는 데 에너지를 쓰지 않고, 되게 만드는 방법을 찾아내는 것. 그것이 현장과 전략을 잇는 진정한 동기화입니다.

[Case]
10년의 정체를 깨고 1년 만에 반전을 이룬 '체질 개선'

10여 년간 매출이 서서히 하락하거나 정체되어 있던 어느 리테일 브랜드의 프로젝트를 맡았습니다. 직원들은 매출 하락을 큰 위기로 느끼지 못했습니다. 비록 성장은 멈췄지만 여전히 이익은 나고 있는 구조였기 때문입니다. 하지만 새로 부임한 CEO의 판단은 달랐습니다. 그는 지금 변화하지 않으면 미래는 없다고 판단하고, 공격적인 마케팅과 전반적인 사업 구조의 혁신을 선언했습니다. 팀 구조를 성과 중심으로 개편하고, 목표 달성에 방해가 되는 관행들을 과감히 제거하겠다고 공표했습니다.

익숙했던 일하는 방식이 무너지자 조직 내부의 반발은 거셌습니다. 저는 이 폭풍 같은 시기에 교육을 맡아, 리더의 전략적 의도가 현장의 언어로 공감될 수 있도록 돕는 역할을 수행했습니다. 단순히 '열심히 하자'는 구호가 아니라, 왜 지금 우리에게 전략적 사고와 목표 지향적인 태도가 필요한지를 논리적으로 설득해 나갔습니다. 변화가 개인을 괴롭히는 도구가 아니라, 조직이 다시 생존하고 개인의 자부심을 되찾는 길임을 현장 구성원들과 대화하며 이해를 구했습니다.

처음에는 경직되어 있던 강의실의 분위기가 서서히 변화에 대한 수용으로 바뀌기 시작했습니다. 일이 되게 만드는 것이 왜 우리 모두에게 중요한지 공감대가 형성되자, 조직원들은 비로소 전략적 행동을 고민하기 시작했습니다. 그 결과, 프로젝트 시작 1년 만에 매출과 수익률이 반등하는 놀라운 성과를 거두고, 조직은 지속 가능한 성장의 발판을 마련하며 업계의 모범 사례로 거듭났습니다.

[Skill]
일이 되게 만드는 조력자의 '실행 동기화' 기술

결정된 전략이 현장에서 겉돌지 않게 만드는 것은 고도의 소통 기술이 필요한 작업입니다. 리더의 의도를 성과로 전환하는 두 가지 기술을 제안합니다.

(1) 전략의 '근원적 목적'을 성장의 언어로 통역하기

리더의 전략이 현장의 저항에 부딪히는 이유는 대개 '무엇을(What)'만 전달되고 '왜(Why)'가 충분히 이해되지 않았기 때문입니다.

• 어떻게 할까요?

리더가 왜 이 시점에 이 방향을 선택했는지 이면의 논리를 파고드세요. 그리고 그것을 직원들에게 전달할 때 '회사가 시키는 일'이 아니라 '우리의 생존과 직업적 성장을 위한 일'으로 재정의(Reframing)해 주어야 합니다. 리더의 비전과 현장의 이익이 만나는 지점을 찾아 언어로 번역하는 작업이 핵심입니다.

- 그 속의 원리

이를 '전략적 정렬(Strategic Alignment)'이라고 합니다. 조직 전체의 목표와 개인의 동기를 한 방향으로 일치시키는 과정입니다. 목적지가 공유될 때 비로소 구성원들은 자발적인 실행력을 발휘합니다.

(2) 안 되는 이유 대신 '보완 장치'를 제안하기

전문가는 문제점을 찾아내는 사람이 아니라, 그 문제를 딛고 나아갈 해결책을 제시하는 사람입니다.

- **어떻게 할까요?**

리더의 계획에서 결함이 보인다면 비판만 하지 말고 "실행 과정에서 이런 리스크가 예상되니, A라는 보완 장치를 함께 마련하면 좋겠습니다."라고 대안을 제시하세요. 비판자가 아닌 문제 해결사(Problem Solver)의 포지션에 설 때, 당신의 목소리는 조직의 실행 속도를 높이는 강력한 추진력이 됩니다.

- 그 속의 원리

심리학의 '촉진적 피드백(Facilitative Feedback)' 기법입니다. 단순히 오류를 지적하는 것이 아니라, 목표 달성을 위해 필요한 지원책을 함께 제시하는 방식입니다. 이러한 태도는 리더에게는 든든한 신뢰를, 현장에는 실질적인 도움을 줍니다.

[Self-Question]
───── 나를 깨우는 질문 ─────

• 나는 조직의 변화를 한 발 떨어져서 바라보는 관찰자로서 평가하나요, 아니면 일이 되게 만드는 당사자로서 움직이나요?

• 리더가 짊어진 고독한 결정의 무게를 이해하며, 그 결정이 현장에서 꽃피울 수 있도록 돕고 있나요?

[Action Idea]
───── 비판을 멈추고 '실행의 돌파구' 찾기 ─────

현재 진행 중인 업무에서 가장 속도가 나지 않는 병목 지점(Bottleneck)을 하나 골라보세요. 비판적인 관찰자에서 벗어나 '이 일을 되게 하기 위해 내가 오늘 즉시 할 수 있는 사소한 도움은 무엇인가?'를 찾아 실행하는 것만으로도, 당신은 단순한 비판자가 아닌 조직에 반드시 필요한 '실행의 파트너'로 인정받게 될 것입니다.

이타적 성장

리더십의 성장은 동기화의 깊이에서 결정된다 :
나를 넘어 미래를 보는 4단계의 여정

일 잘하던 사람이 리더 자리에 올라 실패하는 가장 큰 이유는 역할 변화에 따른 동기화 수준을 높이지 못했기 때문입니다. 플레이어는 자신에게 주어진 과제 해결에만 초점을 맞추면 되지만, 리더는 나를 넘어 우리, 그리고 조직의 미래로 범위를 확장해야 합니다. 좋은 실무자가 반드시 좋은 리더가 되지 않는 이유는 리더로서의 자신에 대한 인지가 부족하기 때문입니다. 리더는 혼자 잘하던 모습에서 벗어나 '함께 잘할 수 있는 환경'을 만드는 사람이며, 그 바탕에는 구성원과 깊은 신뢰와 동기화가 자리 잡고 있어야 합니다.

저는 리더십 훈련의 방향을 다음의 4단계로 제시합니다. 1단계는 [나에 대한 이해(Me)]로, 관리자로서 자신의 강점과 약점을 명확히 아는 단계입니다. 2단계는 [나와 그룹(Me&Group)]으로, 목표와 맥락을 구성원과 동기화하여 시너지를 내는 단계입니다. 3단계는 [내가 없어도 돌아가는 그룹(Group without Me)으로, 사람을 성장시켜 시스템으로 조직이 움직이게 만드는 단계입니다. 마지막 4단계는 [나와 그룹, 그리고 회사와 미래(Me, Group, Company & Future)]로, 다음 세대를 길러내며 가치를 연결하는 성숙의 단계입니다. 리더십의 본질은 내가 빛나는 것이 아니라, 내가 없어도 조직이 빛나게 만드는 최고의 동기화 기술에 있습니다.

[Case]
실무자라는 감옥에서 벗어나 감독이 된 팀장

오랜 시간 함께해 온 한 리더가 있습니다. 그는 실무 역량이 매우 뛰어나 모두의 기대를 한 몸에 받으며 팀장이 되었습니다. 당연히 잘 해낼 것이라 믿었지만, 얼마 후 다시 만난 그의 얼굴은 무척 수척해 보였습니다. "일은 내가 하면 금방인데, 사람이 너무 어렵습니다." 그의 하소연은 절박했습니다. 팀원들이 일을 못 하는 것 같아 불안한 나머지 모든 일을 직접 처리하느라 매일 밤을 새우고 있었고, 스트레스는 극에 달해 있었습니다.

그는 여전히 '플레이어'의 동기화 수준에 갇혀 있었습니다. 저는 그에게 냉정한 피드백을 건넸습니다. "혼자 일을 다 처리한다면 그것은 리더가 아닙니다. 이제는 선수가 아니라 감독이 되셔야 합니다." 우리는 팀장으로서 그에게 기대되는 역할이 무엇인지 함께 답을 찾아 나갔습니다. 저는 그에게 팀원들과 깊은 대화를 나누며 주파수를 맞출 것을 조언했습니다. 특히, 내가 추구하는 업무 스타일과 방향성을 정리한 '팀장 사용 설명서'를 매개로 1:1 대화를 시작해 보라고 권했습니다.

얼마 뒤 다시 만난 그의 표정은 이전과 비교할 수 없이 밝아져 있었습니다. "팀원들이 이렇게 똑똑한 줄 몰랐습니다. 제가 정말 좋은 동료들을 만났다는 걸 이제야 알겠어요." 1:1 대화를 통해 팀원들의 강점을 발견하고 업무의 맥락을 동기화하자, 팀 분위기는 완전히 달라졌습니다. 그는 이제 실무를 내려놓고 권한 위임을 실천하며, 더 높은 리더로 성장해 조직 내에서 선한 영향력을 행사하고 있습니다. 리더가 실무의 늪에서 빠져나와 '내가 없어도 되는 조직'을 만들 때, 비로소 리더는 현재를 넘어 미래를 볼 수 있는 여유를 갖게 됩니다.

[Skill]
성숙한 리더십을 지탱하는 4가지 기둥

리더십은 나를 비워 타인의 성장을 채우는 과정입니다. 조직과 사람을 성공적으로 동기화하기 위해 리더가 갖춰야 할 네 가지 태도입니다.

(1) 전문성 : 문제 해결의 통찰 보여주기

리더의 실력은 팀원에게 영감을 주며 동기부여의 출발점이 됩니다.

- **어떻게 할까요?**

단순히 과거의 실무 지식에 머물지 마세요. 조직 전체의 문제를 분석하고 해결의 실마리를 제공하는 통찰력을 보여주어야 합니다. 리더가 전문적인 판단력을 보여줄 때 팀원들은 리더의 방향성을 신뢰하고 따르게 됩니다.

• 그 속의 원리

이를 '전문가 권력(Expert Power)'이라고 합니다. 리더가 가진 지식과 정보가 팀원들에게 유용한 자산이 될 때, 강요하지 않아도 자연스러운 리더십의 영향력이 발생합니다.

(2) 언행일치 : 예측 가능한 안정감 제공하기

리더의 일관성은 팀원들에게 심리적 안정감을 줍니다.

• 어떻게 할까요?

리더가 하는 말과 행동이 일치해야 합니다. 상황에 따라 원칙이 흔들리지 않고 리더의 행동이 예측 가능해질 때, 팀원은 비로소 에너지를 눈치 보는 데 쓰지 않고 자신의 역량을 펼치는 데 집중하기 시작합니다.

• 그 속의 원리

심리학의 '인지적 일관성(Cognitive Consistency)'입니다. 리더의 메시지와 행동이 일치할 때 구성원의 뇌는 불필요한 위협 신호를 끄고 업무에 몰입할 수 있는 최적의 상태가 됩니다.

(3) 진정성 : 사람을 목적으로 대하기

팀원과의 관계에서 '수단'이 아닌 '진심'이 느껴져야 합니다.

- **어떻게 할까요?**

  팀원을 내 성과를 내기 위한 도구로 보지 마세요. 1:1 대화를 통해 그가 이 일을 통해 무엇을 얻고 싶어 하는지 정확히 듣고, 리더로서 내가 도울 수 있는 지점이 무엇인지 진솔하게 나누어야 합니다.

- **그 속의 원리**

  '변혁적 리더십(Transformational Leadership)'의 핵심인 '개별적 배려' 입니다. 리더가 각 개인의 고유한 가치를 인정하고 존중할 때, 팀원은 조직의 목표를 자신의 목표로 내면화하게 됩니다.

(4) 성장 지원 : 성장의 공간 내어주기

리더의 가장 큰 성과는 자신과 같은 혹은 자신보다 뛰어난 리더를 길러내는 것입니다.

- **어떻게 할까요?**

  리더가 실무에서 손을 떼는 이유는 게으름 때문이 아니라, 팀원에게 '성장의 기회'를 주기 위함임을 명심하세요. 권한을 위임하고 그들이 스스로 결정하고 책임질 수 있는 여백을 만들어주는 것이 가장 적극적인 조력입니다.

- **그 속의 원리**

'위임(Empowerment)' 효과입니다. 스스로 의사결정을 내릴 수 있는 자율성이 보장될 때 인간의 내적 동기는 극대화됩니다. 리더가 없어도 돌아가는 시스템은 바로 이 성장 지원에서 완성됩니다.

- 나는 지금 직접 일을 처리하는 유능감에 도취해 있나요, 아니면 남이 잘하게 돕는 일에서 기쁨을 느끼나요?

- 내가 자리를 한 달간 비운다고 가정했을 때, 우리 팀이 문제없이 돌아갈 시스템이 갖춰져 있나요?

[Action Idea]
———————— 동료의 방식을 믿어주는 '심리적 공간' 선물하기 ————————

이번 주 동료와 협업할 때 나의 방식을 고집하는 대신, "당신의 스타일대로 한번 해보세요."라며 온전한 권한을 부여해 보세요. 리더가 실무의 끈을 놓고 상대의 방식을 믿어줄 때, 구성원은 비로소 자신의 잠재력을 발휘하며 스스로 성장하는 '시스템'의 주역이 될 수 있습니다.

24

상대의 불만 속에서 새로운 솔루션의 힌트 찾기 :
비난을 성장의 자양분으로 바꾸는 법

우리는 현장에서 수많은 피드백을 마주하며 살아갑니다. 특히 중간관리자에서 임원으로 승진하는 분들을 대상으로 '360도 다면 피드백'을 진행할 때면, 그 결과지에 담긴 날카로운 언어들 앞에서 당혹스러워하는 리더들을 자주 봅니다. 저는 그분들에게 피드백 내용을 보여드리기 전 항상 강조하는 말이 있습니다. 바로 '자기 자비(Self-Compassion)'를 가져야 한다는 것입니다.

누군가는 나의 일하는 방식이나 리더십에 대해 불만을 가질 수 있습니다. 그리고 그것은 나의 실제 약점이거나 내가 미처 몰랐던 모습일 수도 있습니다. 하지만 여기서 중요한 것은 누구를 원망하거나 나 자신을 통째로 부정하는 것이 아니라, '무엇'이 문제였는지 냉정하게 바라보는 것입니다. '내 인격이 비난받는 것이 아니라, 나의 특정 행동이 상대와 맞지 않았을 뿐이다'라고 문제를 나 자신으로부터 분리해 보세요. 감정이 가라앉은 뒤에야 비로소 비난 속에 숨겨진 보석 같은 성장 힌트가 보이기 시작합니다.

[Case]
성찰의 갈망과 실무의 갈급함 사이에서 찾은 정답

신입 리더들을 대상으로 7회차에 걸친 장기 리더십 과정을 맡았을 때의 일입니다. 저는 새로운 시작을 앞둔 리더들에게 활기찬 에너지를 주고 싶어, 다양한 활동과 풍부한 사례를 중심으로 역동적인 강의를 준비했습니다. 리더십의 본질은 결국 '자기 성찰'에 있다는 제 철학을 담아 깊이 있는 통찰을 줄 수 있는 활동 위주로 교육을 진행했습니다.

하지만 초기 피드백은 예상과 달랐습니다. 일부 학습자들이 '너무 유치하다', '구체적이고 실제적인 기술을 알려달라'며 강한 불만을 제기한 것입니다. 처음 그 피드백을 접했을 때 저는 적잖은 스트레스를 받았습니다. '긴 호흡의 과정을 믿고 따라오면 될 텐데', '리더십은 스스로 깨닫는 것이지 정답을 떠먹여 주는 것이 아닌데'라며 방어적인 마음이 앞섰습니다. 하지만 잠시 멈춰 서서 저 자신을 보듬으며 진짜 문제가 무엇인지 들여다보았습니다.

그제야 그들의 불안이 보였습니다. 신입 리더로서 당장 현업에서 무엇을 어떻게 해야 할지 몰라 혼란스러워하던 그들에게는, 고상한 성찰보다 당장 내일 아침 회의에서 써먹을 수 있는 '답'과 '매뉴얼'이 절실했던 것입니다. 저는 즉시 교육의 방향을 수정했습니다. 성찰의 가치는 유지하되, 그것을 실천할 수 있는 구체적인 기술과 명확한 프로세스를 전면에 배치했습니다. 학습자들의 갈급함을 정확히 조준하여 솔루션을 제공하자, 교육은 높은 만족도를 기록하며 성공적으로 마무리되었습니다. 상대의 불만은 저를 더 유연하고 유능한 전문가로 만든 스승이었습니다.

[Skill]
비난을 '비즈니스 힌트'로 바꾸는 피드백 수용 기술

부정적인 피드백은 우리를 진짜 문제의 핵심으로 안내하는 초대장입니다. 감정에 휘둘리지 않고 성과를 만들어내는 두 가지 기술입니다.

(1) '누구'가 아닌 '무엇'에 집중하는 감정 분리법

피드백을 받을 때 가장 먼저 작동하는 것은 방어 기제입니다. 이를 끄기 위해 의식적으로 주어를 바꾸어야 합니다.

- **어떻게 할까요?**

  "저 사람은 왜 나를 싫어하지?"라는 생각 대신 "저 사람이 말하는 '그 행동'은 내 의도와 무엇이 다르게 전달되었을까?"라고 질문해 보세요. 나라는 사람(Identity)과 나의 행동(Behavior)을 분리하는 순간, 비난은 개선할 수 있는 과제로 바뀝니다.

- 그 속의 원리

  심리학의 '객체화(Externalization)' 기술입니다. 문제를 내 안에서 끄집어내어 밖으로 던져놓고 바라보는 것입니다. 이렇게 하면 자책에 빠지는 대신, 문제를 해결하기 위한 구체적인 방법을 찾는 데 에너지를 집중할 수 있습니다.

(2) 불평 이면의 '절실한 요청'을 읽어내기

상대의 거친 말 뒤에는 대개 '이 문제를 해결하고 싶다'는 간절한 욕구가 숨어 있습니다.

- 어떻게 할까요?

  "너무 원론적이다."라는 불만은 "지금 당장 쓸 수 있는 도구가 필요하다."라는 요청으로, "내용이 어렵다."라는 불만은 "내가 이해할 수 있는 언어로 설명해 달라."는 요청으로 번역해 보세요. 상대가 왜 그런 말을 했는지 배경(Context)을 이해하면, 그것은 비난이 아니라 당신의 제안을 완성할 가장 강력한 힌트가 됩니다.

- 그 속의 원리

  이를 '비폭력 대화(NVC)'의 관점이라고 합니다. 모든 부정적 감정 뒤에는 충족되지 못한 욕구가 있습니다. 그 욕구를 꿰뚫어보는 순간, 상대와의 갈등은 새로운 가치를 창출하는 협력으로 바뀝니다.

- 나는 부정적인 피드백을 받을 때 나 전체를 비난하며 자책하고 있나요, 아니면 나의 '무엇'을 바꿀지 고민하고 있나요?
- 상대의 불평 속에 숨겨진 "나를 조금만 더 도와주세요."라는 신호가 들리나요?

[Action Idea]
───── 비난을 성장의 '보석'으로 바꾸는 셀프 피드백 ─────

오늘 누군가에게 날카로운 피드백을 들었다면 감정적으로 즉시 대응하는 대신, 스스로에게 '이 피드백이 나를 정의하는 것은 아니다'라고 먼저 말하며 마음을 다독여 보세요. 거친 비난의 껍질을 벗겨내고 그 안에 숨겨진 딱 한 가지의 '개선할 행동'만 찾아내어 수정한다면, 그 불만은 당신을 더 유능한 전문가로 만드는 가장 값진 스승이 될 것입니다.

진짜 재미는 연결과 도움에서 온다 :
몰입을 부르는 가치의 힘

"내용만 좋으면 사람들이 알아서 집중하겠지.", "물건만 좋으면 홍보가 부족해도 잘 팔릴 거야."라고 말하는 분들을 볼 때면 안타까운 마음이 듭니다. 아무리 훌륭한 콘텐츠와 상품이라도 사람들을 몰입시킬 수 있는 '재미'가 없다면 가치는 전달되지 않기 때문입니다. 하지만 여기서 말하는 재미란 단순히 화려한 말솜씨나 재치, 넘치는 에너지를 뜻하는 것이 아닙니다. 그런 요소들은 부차적인 것일 뿐, 진짜 재미는 더 본질적인 지점에서 시작됩니다.

제가 정의하는 재미는 "내가 이 이야기를 왜 들어야 하는가?"에 대한 답을 주는 것입니다. 상대의 현실을 깊이 있게 반영하고, 공감을 통해 그 이야기가 나에게 의미 있는 도움으로 다가올 때 인간은 강력한 몰입을 경험합니다. 즉, 재미는 '의미'와 연결됩니다. 화려한 기술을 뽐내기보다 상대방의 필요가 무엇인지 치열하게 고민하고 그들의 삶과 내 메시지를 긴밀하게 연결하는 노력이야말로 청중을 몰입시키는 가장 강력한 기술입니다.

[Case]
화이트 해커의 깨달음 : "나만 즐거운 강의는 소음일 뿐이다"

독보적인 분야에서 높은 능력을 가진 분들의 강의를 코칭하다 보면 가끔 숨이 막힐 때가 있습니다. 예전에 보안 프로그램을 개발하는 '화이트 해커'의 강의를 컨설팅한 적이 있었습니다. 그분은 해킹의 원리와 코딩의 규칙성을 설명하며 30분이 넘도록 혼자 신나서 이야기를 쏟아냈습니다. 하지만 정작 듣고 있던 저는 단 한 마디도 이해하지 못했습니다. 그분의 강의 대상은 보안 프로그램을 관리하는 실무자들이었기에, 저는 의구심이 들어 해당 분야 지인에게 콘텐츠를 보여주었습니다. 돌아온 피드백은 냉정했습니다. "너무 전문적이라 와닿지 않아요. 당장 우리에게 필요한 해결책이 뭔지 모르겠고, 강사님 혼자만 신난 것 같아요."

그분은 큰 충격을 받으셨습니다. 본인에게는 너무나 재미있는 영역이라 모두가 즐거워할 줄 알았던 것이죠. 우리는 처음으로 돌아가 청중이 공감할 수 있는 포인트부터 다시 잡았습니다. 현실에서 일어날 법한 보안 사고 사례들을 배치하고, 그분의 전문성이 청중들에게 어떤 실질적인 도움을 줄 수 있는지에 집중하여 내용을 전면 수정했습니다. 강사님은 "내용이 너무 쉬워져서 재미없어 보이면 어떡하죠?"라며 걱정했지만, 결과는 정반대였습니다. 첫 강의 후 흥분한 목소리로 연락이 왔습니다. "사람들이 이렇게까지 집중할 줄 몰랐어요! 다들 너무 재미있어하고 몰입해서 저도 정말 기쁩니다."

성공의 기쁨도 잠시, 두 번째 위기가 찾아왔습니다. 첫 강의의 좋은 반응에 도취한 나머지, 두 번째 강의에서 다시 본인이 좋아하는 어려운 내용들을 슬쩍 끼워 넣은 것입니다. 결국 청중들과의 주파수는 다시 어긋났고, 그분은 풀이 죽은 채 전화하셨습니다. "완전히 망쳤습니다. 제가 재미있는 게 아니라 그들이 필요한 게 진짜 재미라는 걸 이제야 뼈저리게 알 것 같아요." 그 후 우리는 강사도 즐거우면서 청중의 공감도 놓치지 않는 최적의 지점을 찾아냈고, 그분은 해당 분야에서 가장 사랑받는 독보적인 전문가로 성장하셨습니다.

[Skill]
몰입을 부르는 '의미 있는 재미' 구성 기술

진짜 재미는 배꼽 빠지는 웃음이 아니라 누구나 '이건 딱 내 이야기구나'라고 느끼는 지점에서 나옵니다. 상대의 삶에 유능한 도움을 주는 두 가지 기술을 소개합니다.

(1) 현실의 결핍에서 출발하는 '아이스 브레이킹'
가장 강력한 도입부는 농담이 아니라 상대방이 지금 처한 현실의 고통을 건드려 주는 것입니다.

- **어떻게 할까요?**

"오늘 여러분이 면담해야 할 그 팀원, 왜 여러분의 말을 안 듣는지 그 이유부터 풀어봅시다."라고 시작해 보세요. 화려한 레크리에이션 없이도 현장의 공기는 순식간에 몰입으로 바뀝니다. 청중의 삶과 내 이야기가 연결되는 순간, 지루함은 사라지고 절실함이 그 자리를 채웁니다.

- **그 속의 원리**

교육 심리학의 '유의미 학습(Meaningful Learning)' 이론입니다. 새로운 정보가 학습자의 기존 지식이나 실제 경험과 연결될 때 학습 효율과 재미가 극대화된다는 원리입니다.

(2) 실제적 '유능감'을 경험하게 돕기

단순히 '알게 되었다'에서 멈추지 말고, '아, 이렇게 하면 되겠구나!'라는 깨달음을 얻게 해야 합니다.

- **어떻게 할까요?**

강의나 미팅 중에 "자, 방금 배운 기술을 지금 여러분이 고민하는 프로젝트에 바로 한번 적용해 볼까요?"라고 제안하세요. 상대방이 당신의 도움으로 문제를 해결하는 작은 성공을 맛보는 순간, 그는 최고의 재미와 효능감을 느낍니다. 누군가의 삶에 실질적인 도구를 쥐여주는 것, 그것이 전문가가 줄 수 있는 최고의 서비스입니다.

- **그 속의 원리**

이를 '자기 효능감(Self-Efficacy)'의 형성 과정으로 설명할 수 있습니다. 자신의 능력을 확인하고 성취를 맛보는 과정은 뇌에서 도파민을 분출시켜 학습에 대한 강력한 재미와 지속적인 동기를 부여합니다.

[Self-Question]

—— 나를 깨우는 질문 ——

- 나는 지금 청중을 웃기기 위해 애쓰고 있나요, 아니면 그들의 삶과 연결되기 위해 노력하고 있나요?
- 나의 도움은 상대에게 얼마나 실제적인 효능감을 주고 있나요?

[Action Idea]

—— 재미를 위한 공감포인트 만들기 ——

도움을 주기 전 스스로 질문해 보세요. "상대방이 내 이야기를 듣고 '이건 딱 내 이야기네!'라고 무릎을 칠 수 있는 공감 포인트가 최소한 세 군데 이상 들어있는가?" 그 포인트가 많을수록 당신의 메시지는 더 강력한 재미를 갖게 됩니다.

26

현장의 언어를 비즈니스의 언어로 통역하는 기술 : 같은 그림을 그리게 만드는 콘셉트의 힘

미팅할 때 일을 잘하는 사람은 단순히 내용을 기록하는 데 그치지 않고, 대화의 핵심을 빠르게 정리해 냅니다. 더 나아가 전문가는 그 내용을 상대방이 공감할 수 있는 용어로 재정의하고, 전체를 한눈에 파악할 수 있는 언어로 구조화합니다. 미팅 과정에서 상대와 내가 같은 그림을 그리고 있다는 확신이 서면, 이후에 발생할 작은 변수들은 큰 문제가 되지 않습니다. 비즈니스의 성사 확률은 비약적으로 올라가고, 두터운 신뢰 덕분에 불필요한 문서 작업은 오히려 줄어들게 됩니다.

진정한 통역은 단순히 말을 옮기는 것이 아니라, 상대방이 가진 막연한 '무엇(What)'에 '왜(Why)'라는 의미와 '어떻게(How)'라는 이미지를 입혀주는 과정입니다. 현장에서 쏟아지는 날것의 이야기들을 목적과 방향을 잃지 않도록 정돈하고, 일이 완성되는 이미지를 상대와 함께 그릴 수 있는 전문성을 가져야 합니다. 구체적인 콘셉트로 명명하고 시각화된 로드맵을 제시할 때, 비로소 상대는 안심하고 당신과의 동행을 결정하게 됩니다.

[Case]

ABC(단계별로 성장하는 리더)로, 럭셔리 리더십의 지도를 그리다

세계적인 럭셔리 그룹 리치몬트(Richemont)와 리더십 프로젝트를 진행했을 때의 일입니다. 당시 리치몬트는 기존의 산발적이고 뷔페식이었던 교육 콘텐츠를 벗어나, 리더들에게 집중된 체계적인 리더십 프로세스를 구축하고 싶어 했습니다. 저는 조직의 상황과 그들이 기대하는 인재상, 그리고 현직 리더들의 특성을 경청하며 그들의 머릿속에 있는 거대한 그림을 어떻게 한 문장으로 정의할지 고민했습니다.

주체적으로 조직을 이끄는 리더의 역동성을 담기 위한 고민 끝에 직관적이고 기본에 충실한 'ABC 리더십'으로 콘셉트를 정의했습니다. 비즈니스 통찰력(Acumen), 가교 역할(Bridge builder), 인재 육성(Cultivation)이라는 세 가지 키워드를 중심으로 1년간의 전체 로드맵을 시각화하여 보여드렸습니다. '교육이 끝나면 우리 리더들이 ABC라는 체계를 통해 스스로 답을 찾고 긍정적인 영향력을 발휘하게 될 것'이라는 약속은 클라이언트의 마음을 움직였습니다. 선명한 콘셉트와 구조화된 그림 덕분에 1년간의 장기 프로젝트는 높은 신뢰 속에서 진행되었고, 실제로 많은 리더가 조직의 언어로 정착된 'ABC'를 활용하며 성공적으로 성장하는 결과를 가져왔습니다.

[Skill]
모호한 요구를 선명한 전략으로 바꾸는 '통역'의 기술

현장의 목소리를 비즈니스 성과로 연결하기 위해서는 들은 내용을 다시 '구조화'하여 돌려주는 과정이 필수입니다. 같은 그림을 그리게 만드는 두 가지 기술입니다.

(1) 대화의 지점을 매력적인 '콘셉트'로 명명하기

상대가 쏟아놓은 수많은 정보 중 가장 핵심이 되는 가치를 뽑아내어 짧고 강렬한 이름을 붙여주세요.

- **어떻게 할까요?**

  제안서나 미팅 중에 전체를 관통하는 키워드를 만드세요. 'ABC 리더십'이나 '+1.5 창의력'처럼 숫자나 알파벳을 활용한 짧은 콘셉트는 담당자가 내부 보고를 할 때도 아주 유용한 무기가 됩니다. 세련된 단어로 정리된 콘셉트는 그 자체로 전문가의 통찰력을 증명합니다.

- **그 속의 원리**

  이를 '개념화(Conceptualization)' 능력이라고 합니다. 복잡한 현상을 단순하고 명료한 모델로 만드는 과정입니다. 잘 지어진 이름 하나가 100페이지의 설명보다 더 강력한 동기화를 만들어냅니다.

(2) 프로세스를 시각화하여 '성장의 경로' 보여주기

사람은 그림이 그려질 때 비로소 안심하고 움직입니다. 우리의 솔루션을 통해 상대가 어떤 여행을 하게 될지 로드맵으로 보여주어야 합니다.

- **어떻게 할까요?**

  단순히 "교육하겠다."라고 하지 말고, 시작부터 끝까지 어떤 단계(Phase)를 거쳐 어떤 변화가 일어나는지 인포그래픽이나 도표로 시각화하세요. "지금 우리는 여기에 있고, 과정을 마치면 저곳에 도달할 것입니다."라는 지도를 보여주는 순간, 상대는 당신을 신뢰할 수 있는 가이드로 인정하게 됩니다.

- **그 속의 원리**

  심리학의 '정신적 표상(Mental Representation)' 형성을 돕는 것입니다. 미래의 결과를 미리 시각적으로 체험하게 함으로써 불확실성을 제거하고 실행 동기를 부여하는 강력한 기술입니다.

―――――― 나를 깨우는 질문 ――――――

- 나는 상대의 이야기를 단순히 받아 적고 있나요, 아니면 전문 언어로 재해석해서 구조화된 그림으로 돌려주고 있나요?
- 내 제안서에는 상대가 보고 나서 "아, 바로 이거야!"라고 무릎을 칠만 한 선명한 콘셉트가 담겨 있나요?

[Action Idea]
―――――― 전문성을 보여주는 핵심 콘셉트 공유하기 ――――――

이번 주 회의나 미팅이 끝난 후, 작성한 회의록 마지막에 나만의 해석을 담은 한 줄 제목을 붙여서 공유해 보세요. '오늘 나눈 이야기의 핵심은 OOO인 듯 합니다'라는 짧은 문장이 당신의 전문성을 완전히 다르게 보이게 할 것입니다.

Part 3. 해법 디자인

실질적인 변화를 만드는
도움의 기술

동기화가 상대의 마음을 읽는 과정이었다면, 해법 디자인은
그 마음이 머물 수 있는 집을 짓는 과정입니다. Part 3에서는
우리가 파악한 현장의 맥락을 바탕으로, 어떻게 하면 조직과
개인이 실제로 움직이게 만드는 정교한 도구와 과정을 설계
할 수 있는지 그 실전 기술들을 다룹니다.

㉗
핵심 가치(Core Value)를 통해 조직의 지향점을 이해하라 :
설계의 뿌리를 찾는 법

누군가를 진정으로 돕기 위해서는 그가 무엇을 원하는지 알아야 합니다. 하지만 인간이라는 존재는 참으로 복잡합니다. 한 사람을 제대로 알기 위해서는 사계절을 모두 겪어봐야 한다는 말처럼 그 사람이 가진 따뜻한 시작(봄), 열정적인 에너지(여름), 성취와 고독(가을), 그리고 시련을 극복하는 방식(겨울)의 순환을 이해해야 합니다. 우리가 누군가를 돕기 위해 이런 내재한 의미를 다 파악할 수 있다면 더할 나위 없겠지만, 현실적으로 모든 개인의 사계절을 다 알기란 불가능에 가깝습니다.

그러나 다행히도 조직은 파편화된 행동 이면에 '핵심 가치(Core Value)'라는 진짜 의미를 품고 살아갑니다. 조직이 내리는 모든 결정과 일하는 방식의 뿌리에는 이 가치가 있습니다. 전문가로서 조직을 돕고 싶다면, 현상적인 문제를 해결하기 전에 먼저 그 조직의 핵심가치를 발견하고 그 토양 위에 솔루션을 설계해야 합니다. 상대의 가치를 나의 가치로 받아들일 때, 비로소 대체 불가능한 파트너로서 지속적인 시너지를 낼 수 있습니다.

[Case]
기업의 위기를 기회로 바꾼 SK하이닉스의 'One Team' 정신

제가 처음 SK하이닉스에 강의를 시작했을 때 그들이 내세운 SUPEX 나 VWBE, One Team같은 단어들은 솔직히 벽에 붙어 있기만한 슬로 건처럼 느껴졌습니다. 하지만 반도체 업계가 극심한 불황을 겪던 시기, 저는 이 가치들이 실제로 살아 움직이는 것을 목격했습니다. 당시 하이 닉스는 아주 작은 비용조차 아끼며 생존을 위해 사투를 벌이고 있었습 니다. 보통의 기업들은 이런 위기 상황에서 교육 예산부터 줄이기 마련 입니다. 하지만 하이닉스는 정반대의 선택을 했습니다. 오히려 이 시기 에 구성원들이 핵심 가치로 더 단단히 뭉쳐야 한다며 교육을 강화한 것 입니다.

강의실에서 만난 구성원들은 SKMS(SK Management System, SK경영철학) 의 핵심 요소인 SUPEX(Super Excellent Level, 인간의 능력으로 도달할 수 있는 최 고 수준)라는 행동 원칙을 가지고 치열하게 일하고 있었습니다. 특히 인 상적이었던 것은 'One Team Spirit'이 구현되는 방식이었습니다. 교 육 중 누군가 현재 진행 중인 프로젝트의 어려움을 토로하면, 다른 팀원 이 즉시 반응했습니다. "그 프로젝트라면 저희 팀에 관련 자료가 있습니다. 메일로 공유해 드릴게요.", "그 문제는 누구를 찾아가면 답을 얻을 수 있습니다."라며 팀의 벽을 넘어 서로의 노하우를 아낌없이 나누었습니다.

나만 힘든 것이 아니라 우리가 모두 함께 이 겨울을 견디고 있다는 동료애, 그리고 서로의 성공을 돕는 것이 결국 조직 전체의 최적화를 만든다는 믿음이 하이닉스를 세계 일등으로 도약하게 만든 진짜 힘이었습니다. 저 역시 외부 컨설턴트였지만, 이 철학에 깊이 공감하며 하이닉스의 일원인 것처럼 '우리'라는 단어를 사용하며 일했습니다. 그들의 핵심 가치를 모든 솔루션의 설계 뿌리로 두었을 때, 저는 단순한 용역 수행자가 아닌 그들의 미래를 함께 고민하는 진짜 'One Team'이 될 수 있었습니다.

[Skill]
핵심 가치를 솔루션에 녹여내는 설계 기술

조직의 가치관을 이해하는 것은 그들의 DNA를 읽는 것과 같습니다. 상대의 지향점에 내 솔루션을 동기화하는 세 가지 설계 기술입니다.

(1) 가치 기반의 '고유 언어' 사용하기

상대가 사용하는 핵심 가치 단어나 슬로건을 제안서와 대화의 주요 키워드로 채택하세요.

- **어떻게 할까요?**

  단순히 '협력'이나 '직원' 같은 일반 명사를 쓰기보다, 그 조직이
  정의한 고유의 명칭을 사용하세요. 예를 들어 구성원을 '파트너'나
  '크루'라고 부르는 조직이라면 그 언어를 그대로 따라주는 것입니
  다. 또한 비전 슬로건이나 핵심 행동 강령에 담긴 특정한 단어들을
  언급할 때, 상대는 당신이 자신들의 세계관을 깊이 존중하고 이해
  하고 있다는 강력한 신뢰를 갖게 됩니다.

- **그 속의 원리**

  사회심리학의 '사회적 정체성 이론(Social Identity Theory)'입니다. 인간
  은 자신과 같은 언어와 상징을 공유하는 대상을 '내집단(In-group)'
  으로 인식합니다. 일반적인 용어 대신 상대의 내부 언어를 사용하
  는 것만으로도 외부인이라는 경계를 허물고, 심리적 거리를 단숨
  에 좁히는 강력한 신뢰 자본을 얻게 됩니다.

(2) '지향점의 일치'(Goal Alignment) 증명하기

내 콘텐츠가 가진 강점이 상대의 가치를 실현하는 데 어떻게 구체적으
로 기여하는지 보여주어야 합니다.

- **어떻게 할까요?**

  제안서의 목적 섹션에 '이 과정은 귀사의 핵심 가치인 [A]를 현장
  에서 구현하기 위한 구체적인 행동 도구를 제공합니다.'라고 명시

하세요. 단순히 내 상품의 장점을 나열하는 것이 아니라, 내 솔루션이 그들의 가치라는 토양 위에서 어떤 열매를 맺을지 연결 지어 설명할 때 비로소 제안은 채택됩니다.

- 그 속의 원리

경영학의 '전략적 정렬(Strategic Alignment)' 원리입니다. 모든 하위 프로젝트가 조직의 상위 가치 및 목표와 일치할 때 조직의 자원은 가장 효율적으로 집중됩니다. 당신의 제안이 조직의 가치 실현에 기여한다는 논리가 성립될 때, 상대는 해당 프로젝트를 추진할 확실한 명분을 얻게 됩니다.

(3) '내부자적 관점'으로 성장을 응원하기

외부인의 객관적인 시각은 유지하되, 정서적으로는 그들의 성장을 진심으로 바라는 동료가 되어야 합니다.

- 어떻게 할까요?

발화의 주체를 '저'나 '회사'가 아닌 '우리'로 설정해 보세요. '우리 조직이 직면한 이 과제를 해결하기 위해'라는 표현은 외부인의 냉철한 분석보다 훨씬 더 큰 유대감과 울림을 줍니다. 상대의 성공이 곧 나의 성공이라는 진정성이 전달될 때, 당신은 대체 불가능한 파트너가 됩니다.

- 그 속의 원리

심리학의 '심리적 소유감(Psychological Ownership)'입니다. 대상에 대해 '우리 것' 혹은 '나의 것'이라는 소유 의식을 가질 때 인간은 더 높은 책임감과 창의적 몰입을 발휘합니다. 전문가가 내부자적 관점을 가질 때 비로소 상대의 고통과 희열을 온전히 공유하는 진정한 동기화가 일어납니다.

──────── 나를 깨우는 질문 ────────

- 나는 지금 상대의 가치에 내 솔루션을 맞추고 있나요, 아니면 내 솔루션에 상대를 억지로 끼워 맞추고 있나요?
- 상대의 핵심 가치가 실제 현장에서 어떻게 살아 움직이고 있는지 구체적인 사례를 하나라도 알고 있나요?
- 내가 제안하는 이 방향이 상대의 장기적인 가치 실현에 정말로 도움이 되는 길인가요?

[Action Idea]
──────── '핵심 가치 매핑' 실천하기 ────────

이번 주 프로젝트를 앞두고 있다면, 상대의 핵심 가치 세 가지를 홈페이지나 사보에서 찾아 적어보세요. 그리고 각 가치에 부합하는 나의 제안 포인트나 에피소드 한 가지씩을 연결해 제안서 첫 페이지에 반영해 보시기 바랍니다.

　　　　　이타적 성장

28

교육이 실질적인 성과와 연결될 때의 가치 :
만족도를 넘어 퍼포먼스로 증명하는 법

교육 컨설팅을 하면서 가장 받기 두려우면서도 중요한 질문은 "그래서 이 교육이 어떤 성과로 연결됩니까?"라는 것입니다. 보통 교육의 성패를 강의 만족도 조사로 평가하곤 하지만, 사실 높은 점수가 반드시 실무의 변화나 매출의 증가를 보장하지는 않습니다. 리더십이나 커뮤니케이션 같은 소프트 스킬은 더더욱 그렇습니다. 변화의 기준이 모호하고, 그 변화가 오직 교육 때문인지 증명하기도 어렵기 때문입니다.

일각에서는 "교육은 소용없다, 잘 뽑는 것이 전부다."라고 말하기도 합니다. 하지만 히어로인줄 알고 뽑은 이가 우리 조직에서는 빌런이 되기도 하듯, 결국 사람이 가진 잠재력을 어떤 환경과 교육으로 길러내느냐가 조직의 진짜 실력을 결정합니다. 전문가는 바로 이 지점에서 측정할 수 있는 변화를 설계해야 합니다. 막연한 변화를 기대하는 것이 아니라, 변화의 기준을 구체적인 행동 모델로 정립하여 교육이 비즈니스 성과로 이어지는 정교한 징검다리를 놓아주어야 합니다.

[Case]
추상적인 가이드를 살아있는 성과 지표로 바꾸다

한 럭셔리 리테일 기업에서 새로운 성과 피드백 시스템을 도입할 때의 일입니다. 매장의 매니저가 1차 평가를 하고 상급자가 최종 승인하여 연봉과 인센티브에 직접 반영하는, 조직 입장에서는 매우 민감하고 중요한 변화였습니다. 하지만 글로벌 본사에서 내려온 가이드라인은 '리더와 팀원이 대화를 통해 상호 합의된 결과를 도출하라'는 식의 다분히 원론적이고 추상적인 내용이었습니다. 수직적 위계가 남아있는 한국 정서에서 매니저들이 주관적인 느낌만으로 팀원을 설득해 합의를 끌어내는 것은 현실적으로 불가능에 가까웠습니다.

저는 이 문제를 해결하기 위해 과거에 교육 평가 시스템을 구축했던 경험을 떠올렸습니다. 추상적인 역량을 수치화하기 위해, 성과를 내는 사람들의 공통적인 행동들을 관찰할 수 있는 단위로 쪼개어 행동 지표를 만들었습니다. 예를 들어 단순히 '고객 서비스 역량'이라고 뭉뚱그리지 않고, 그 역량이 발휘될 때 나타나는 구체적인 행동들을 정의한 뒤 이를 3단계(Exceed-Meet Expectation-To Develop)로 나누어 점수화했습니다. 매니저들이 평가하기 쉽고, 직원들도 자신의 어떤 행동이 부족한지 이해할 수 있는 구체적인 기준을 세운 것입니다.

중요한 것은 이 시스템이 단순한 '감시'가 아니라 '성장'을 위한 것임을 알리는 과정이었습니다. '이런 행동을 하면 실제 매출이 향상된다'라는 인과 관계를 분석하여 제시하자, 리더들은 당당하게 피드백할 수 있게 되었고 직원들은 무엇을 개선해야 보상받는지 명확히 인지하게 되었습니다. 처음에는 단순한 피드백 교육으로 시작했던 프로젝트가 결국 조직의 평가 시스템을 바꾸는 결과로 이어졌고, 해당 지표는 지금까지도 그 조직의 성과 관리 기준으로 사용되고 있습니다.

[Skill]
성과를 증명하는 '솔루션 설계' 기술

교육이 기분 좋은 하나의 이벤트로만 끝나지 않으려면, 학습자의 행동을 유도하는 정교한 설계가 필요합니다. 현장의 변화를 끌어내는 두 가지 핵심 기술을 소개합니다.

(1) 행동 지표화(Behavioral KPI)를 통한 기준의 객관화

'열심히 하자'는 구호는 힘이 없습니다. 성과를 내기 위해 반드시 수행해야 하는 핵심 행동을 누구나 관찰할 수 있는 단위로 정의해야 합니다.

- **어떻게 할까요?**

  추상적인 개념을 행동으로 통역하세요. '팀원을 존중하라'는 모호한 지침 대신 '팀원의 의견을 끝까지 듣고 질문을 던진다'처럼 구체적인 빈도나 방법으로 정의하는 것입니다. 기준이 명확할 때 비로소 변화가 시작됩니다.

- **그 속의 원리**

  심리학의 '조작적 정의(Operational Definition)'입니다. 측정할 수 없는 대상을 관찰할 수 있는 현상으로 바꾸는 과정입니다. 행동이 정의되면 평가는 공정해지고, 개선점은 선명해집니다.

(2) 성과와 행동의 인과 관계(Causal Link) 증명하기

학습자들이 왜 그 행동을 반복해야 하는지 이성적으로 이해할 수 있는 데이터를 제시해야 합니다.

- **어떻게 할까요?**

  '이 행동을 반복했을 때 성과/매출/효율성이 어떻게 달라지는지'에 대한 시나리오나 분석 자료를 보여주세요. 단순히 '해야 한다'는 당위성보다 '하면 이렇게 좋아진다'라는 유능감을 자극할 때 학습자는 스스로 움직입니다.

- **그 속의 원리**

  이는 '수단-목적 사슬(Means-End Chain)' 이론과 맥을 같이 합니다. 특정 행동(수단)이 내가 원하는 성과(목적)와 직접적으로 연결되어 있다는 확신이 들 때, 인간의 동기는 가장 강력하게 유발됩니다.

- 내가 제공하는 솔루션은 상대에게 '좋은 기분'만을 주나요, 아니면 '실 질적인 변화'를 주나요?

- 우리 조직의 추상적인 가치를 신입사원도 즉시 실천할 수 있는 구체적인 행동 모델로 정의할 수 있나요?

- 교육 이후에 학습자의 행동이 어떻게 달라졌는지 확인할 수 있는 명확한 관찰 지표를 가지고 있나요?

[Action Idea]
———— '단 하나의 핵심 행동' 수치화하기 ————

이번 주, 당신이 변화시키고 싶은 목표(예 : 건강 증진, 업무 효율 등) 하나를 정해 보세요. 그리고 '하루에 N번 구체적 행동 하기'처럼 수치화된 지표로 만들어 보세요. 막연한 결심보다 훨씬 더 강력한 추진력을 경험하게 될 것입니다.

마음을 먼저 만져줄 때 변화가 시작된다 :
논리를 이끄는 감성의 힘

우리 말에 '아' 다르고 '어' 다르다는 말이 있습니다. 하지만 현장에서 느끼는 진짜 진실은 '아 다르고 아 다르다'에 가깝습니다. 같은 단어를 내뱉어도 그 안에 어떤 감정을 싣느냐, 어떤 에너지와 태도로 전달하느냐에 따라 상대방이 받아들이는 결과는 천차만별이기 때문입니다. 누군가를 돕는 솔루션도 마찬가지입니다. 아무리 이성적으로 완벽한 논리를 갖추었어도 그것을 전달하는 사람의 마음이 닿지 않으면 상대는 절대 움직이지 않습니다.

업무 현장에서 우리는 필연적으로 사람의 영향을 받습니다. 상대의 무리한 요구를 받거나 애써 준비한 기획안이 한순간에 뒤집히면, 우리도 인간인지라 가끔은 회의감이 생기기도 하고 마음속에서 짜증이 솟구치기도 합니다. '일하기 참 쉽지 않네'라며 혼잣말을 내뱉고 싶어지죠. 하지만 그런 부정적인 에너지는 신기하게도 상대에게 그대로 전달

　　　　　　　　이타적 성장

됩니다. 솔루션을 설계하는 사람에게 가장 필요한 것은, 적어도 일을 하는 동안만큼은 상대가 진심으로 잘되길 바라는 감정의 승화 과정입니다. 상대를 비난하고 싶은 마음을 누르고, 그의 성공을 바라는 마음을 가질때 비로소 진정한 동기화가 시작됩니다.

[Case]
까다로운 클라이언트가 든든한 지지자가 되기까지

강의 3개월 전부터 시간대별 진행 방식을 하나씩 확인하고, 강의안의 글씨체까지 챙기는 유난히 꼼꼼한 클라이언트가 있었습니다. 추가 비용을 더 받는 것도 아닌데 준비 과정에서 쏟아야 하는 에너지는 평소의 몇 배였습니다. 주변 동료들은 "저 사람 정말 이상하다."며 한마디씩 거들었고, 저 역시 사람인지라 때로는 같이 짜증을 내며 뒷담화의 대열에 합류하기도 했습니다.

하지만 마음 한편으로는 '저 사람은 왜 저렇게까지 할까?'를 고민했습니다. 비난하기보다 긍정적인 면을 보려 노력했고, 무엇보다 그에게 지속적인 안정감을 심어주기 위해 애썼습니다. 수정 요청이 너무 과할 때는 무조건 수용하기보다 그 이유를 정중히 물었고, 전문가로서 제가 겪는 고민과 어려움도 솔직하고 명확하게 전달했습니다.

그러다 진심이 통한 순간이 찾아왔습니다. 알고 보니 그는 입사 후 처음으로 큰 프로젝트를 맡았고, 과거에 실수했던 기억 때문에 극심한

트라우마를 겪고 있었습니다. 윗분들을 설득해 저를 섭외했는데, 그 과정에서 단 하나의 오차도 남기고 싶지 않았던 것이죠. 그 마음을 이해하자 그의 유난스러움은 '절실함'으로 보였고, 저희의 짜증은 어느덧 응원으로 바뀌었습니다.

마음이 동기화되자 우리는 마치 같은 조직 사람처럼 톱니바퀴가 맞물리듯 일하기 시작했습니다. 꼼꼼한 만큼 본인도 성실하게 준비하는 사람이었기에, 결과는 대성공이었습니다. 그는 이후 저의 든든한 파트너가 되었을 뿐만 아니라, 다른 회사에 저를 열렬히 소개하는 가장 강력한 지지자이자 자발적으로 제 홍보대사가 되어주었습니다. 상대의 예민함을 '나쁜 성격'이 아닌 '과한 열정'으로 바라봐 준 덕분에 얻은 소중한 인연이었습니다.

[Skill]
이성을 움직이는 감성적 설계 기술

상대의 날 선 반응에 똑같이 반응하면 갈등이 되지만, 그 이면의 감정을 읽어주면 협력이 됩니다. 관계의 에너지를 바꾸는 두 가지 기술입니다.

(1) 비난을 '두려움'으로 치환하여 바라보기

상대가 공격적이거나 유독 예민하다면, 그것을 나의 실력에 대한 공격이 아닌 상대의 '불안'으로 해석해 보세요.

- 어떻게 할까요?

"저 사람은 왜 저러지?"라는 질문을 "저 사람은 지금 무엇을 걱정하고 있을까?"로 바꾸어 보세요. 상대의 짜증 뒤에 숨겨진 '잘하고 싶은 욕구'나 '실패에 대한 공포'를 발견하는 순간, 대응의 온도는 달라집니다.

- 그 속의 원리

심리학의 '인지적 재평가(Cognitive Reappraisal)'입니다. 상황을 바라보는 관점을 바꾸어 감정적 반응을 조절하는 기술입니다. 상대를 '공격자'가 아닌 '불안해하는 파트너'로 재정의하면, 나의 방어 기제가 사라지고 훨씬 유연하고 전략적인 대응이 가능해집니다.

(2) 'WHY'를 묻는 인간적 대화로 심리적 장벽 허물기

논리적인 '무엇(What)'으로 부딪히기보다, 개인적인 '이유(Why)'를 묻는 시간을 가지세요. 공식적인 회의실 밖에서 나누는 대화가 더 강력할 때가 많습니다.

- 어떻게 할까요?

"담당자님, 정말 철저하게 준비하시네요. 혹시 제가 모르는 특별한 배경이 있으실까요?"라고 정중히 물어보세요. 상대가 자신의 속내를 털어놓는 순간, 사무적인 관계는 '공동의 목표를 가진 동료'로 진화합니다.

• 그 속의 원리

'자기 노출의 상호성(Reciprocity of Self-Disclosure)' 원리입니다. 한 사람이 자신의 개인적인 감정이나 배경을 드러내면, 상대방도 비슷한 수준의 정보를 공개하며 친밀감을 형성하려는 심리적 경향입니다. 개인적 '이유(Why)'를 공유하는 것은 비즈니스적 신뢰를 넘어 정서적 유대감을 만드는 가장 빠른 길입니다.

이타적 성장

- 나는 지금 조직 내외의 이해관계자에 대해 나를 힘들게 하는 '적'으로

  보나요, 아니면 내가 성공시켜야 할 '주인공'으로 보나요?

- 상대의 까다로운 요구 뒤에 숨겨진 '잘 해내고 싶어 하는 마음'을 발견

  할 준비가 되었나요?

[Action Idea]
──── '상대의 박수받는 모습' 상상하기 ────

오늘 당신을 회의감에 빠지게 하는 사람 한 명을 떠올려 보세요. 그리고 미팅 시작 전, 그 사람이 이번 프로젝트를 성공적으로 마친 뒤 상사에게 인정받고 기뻐하는 모습을 딱 30초만 상상해 보세요. 그 짧은 상상이 당신의 표정과 말투를 훨씬 더 매력적인 전문가로 바꿔줄 것입니다.

30

상대의 주도성을 깨우는 법 :
만병통치약은 없다, 오직 주도성만이 답이다

그리스 신화에는 모든 질병을 치료하는 치유의 여신, 파나케이아(Pana-cea)가 등장합니다. 흔히 말하는 만병통치약의 어원입니다. 업무 현장에서 우리는 때로 스스로 파나케이아가 되려는 유혹에 빠지곤 합니다. 하지만 안타깝게도 내가 다 설계하는 것이 문제의 만병통치약이 아닙니다. 오히려 전문가가 너무 많은 것을 대신해 줄 때, 상대는 스스로 생각하는 법을 잊고 의존적으로 변하며 진짜 문제 해결의 동력을 잃어버리기도 합니다.

　진정한 전문가는 자신의 유능함을 증명하기 위해 모든 짐을 홀로 짊어지는 사람이 아닙니다. 오히려 조직이 주도성을 발휘할 수 있는 공간을 의도적으로 비워두는 사람입니다. 전문가가 현장을 떠나도 조직이 스스로 움직일 수 있게 돕는 것, 즉 상대의 효능감을 극대화하는 것이 해법 디자인의 최종 목적지가 되어야 합니다. 내가 없어도 일이 돌아가게 만드는 것이 상대를 잃는 길이 아니라, 가장 강력한 신뢰를 얻는 길임을 기억해야 합니다.

[Case]
"다 해드릴게요"라는 배려가 방관자를 만든다

어느 대기업의 연간 최대 행사를 기획하고 운영하게 되었을 때의 일입니다. 수많은 행사 경험이 있던 제 머릿속에는 이미 완벽한 그림이 그려져 있었습니다. 바쁜 현업에 시달리는 클라이언트를 배려한다는 마음으로 저는 호기롭게 선언했습니다. "담당자님은 신경 쓰지 마세요. 기획부터 운영까지 제가 다 알아서 해드릴 테니 걱정하지 마십시오." 당시에는 그것이 최고의 서비스라고 믿었습니다.

하지만 행사가 다가올수록 예상치 못한 문제가 터지기 시작했습니다. 사내 시설 이용 협조나 내부 안전 세팅 등 조직 내부의 협력이 필수적인 상황에서도, 정작 담당 팀원들은 남의 일 보듯 방관하고 있었습니다. 제가 선의로 자처했던 '다 해드림'이 오히려 그들의 주도성을 죽이고 '우리의 행사'가 아닌 '외부 업체의 행사'로 전락시킨 것이었습니다. 제가 모든 것을 완벽하게 처리할수록 그들은 더욱 수동적으로 변해갔고, 현장의 에너지는 갈수록 낮아졌습니다.

저는 상황을 바로잡기 위해 팀원들을 한자리에 모았습니다. 제가 일일이 지시하고 처리하는 것이 당장은 편할 수 있지만, 제 역할은 단순히 일을 처리해 주는 사람이 아닌 그들이 성공하도록 돕는 파트너라는 점을 분명히 했습니다. "제가 돕겠지만, 이 행사의 진짜 주인공은 여러분입니다. 여러분이 현장에서 빛나야 이 프로젝트가 의미가 있습니다."라고 말하며 R&R(역할과 책임)을 재설정했습니다.

그때부터 변화가 시작되었습니다. 제가 모든 걸 해줬을 때보다 훨씬 더 창의적인 아이디어들이 그들의 입에서 나오기 시작했습니다. 팀원들은 스스로 시설팀을 설득하고 안전 요원을 배치하며 주도적으로 움직였습니다. 행사가 끝난 뒤, 그들이 스스로 해냈다는 보람에 상기된 얼굴로 제게 다가와 말했습니다. "소장님이 옆에서 묵묵히 지원해 주셔서 정말 든든했습니다. 저희가 직접 해보니 이제 어떤 행사도 잘 해낼 수 있을 것 같아요. 앞으로 이런 기회를 더 많이 만들고 싶습니다."

전달받은 감동은 제가 모든 걸 해냈을 때보다 훨씬 컸습니다. 전문가가 자신의 유능함을 조금 내려놓고 상대의 공간을 비워줄 때, 비로소 조직은 스스로 성장하는 기적을 경험하게 됩니다.

[Skill]
자발성을 끌어내는 서포팅 설계 기술

진정한 전문가는 상대를 나에게 의존하게 만드는 사람이 아니라, 나 없이도 잘하게 만드는 사람입니다. 상대의 주도성을 깨우는 세 가지 기술입니다.

(1) 명확한 R&R 설정으로 '주인의식' 배양하기

프로젝트 초기, 전문가의 역할과 상대의 역할에 분명한 선을 그으세요.

- **어떻게 할까요?**

  "제가 이만큼 해드리겠습니다."가 아니라 "여러분이 이 부분을 직접 하실 수 있도록 제가 이런 지원을 하겠습니다."라고 정의하세요. '함께 만든다'라는 인식이 공유될 때 진정한 협력이 시작됩니다.

- **그 속의 원리**

  '책임감 분산(Diffusion of Responsibility)' 방지 효과입니다. 역할이 모호하면 사람은 본능적으로 타인에게 의존하며 노력을 덜 기울이는 '사회적 태만'에 빠지기 쉽습니다. 역할을 명확히 나누는 것은 구성원 각자에게 실행의 주체라는 심리적 기표를 심어주는 작업입니다.

(2) 결정의 '마지막 퍼즐'을 상대에게 넘기기(Empowerment)

전문가의 노하우를 공유하되, 결정과 실행의 마지막 단추는 상대가 누르게 하세요.

- **어떻게 할까요?**

  제안을 할 때도 대안을 제시하고 선택권을 넘기거나, 실무 프로세스에서 가장 중요한 마무리는 상대가 직접 하게 디자인하세요. 전문가의 정답을 따르는 것이 아니라, 자신의 선택이 결과에 반영되었다는 효능감을 주어야 합니다.

- **그 속의 원리**

  '이케아 효과(IKEA Effect)'입니다. 사람들은 자신이 직접 노동을 투입하여 완성한 결과물에 대해 더 높은 가치를 부여하고 애착을 가집니다. 마지막 단추를 직접 끼우게 하는 설계는 상대가 결과물을 '내 것'으로 인식하고 성취감을 느끼게 만드는 핵심 장치입니다.

(3) 스스로 지속 가능한 미래를 설계하게 돕기(Future Planning)

도움의 종착역은 조력자 없이도 다음 단계를 스스로 계획하고 행동하게 만드는 것입니다.

- **어떻게 할까요?**

  프로젝트의 마무리 단계에서 전문가가 정해준 다음 일정(Next Step)을 주는 대신, 상대가 직접 '앞으로의 3개월 로드맵'을 그려보게 하세요. 스스로 세운 계획은 외부의 지시보다 훨씬 강력한 실행 동력이 됩니다.

- **그 속의 원리**

  자기결정 이론(Self-Determination Theory)의 '자율성' 원리입니다. 인간은 자신의 행동을 스스로 결정한다고 느낄 때 가장 높은 내적 동기와 책임감을 갖습니다. 미래를 스스로 그리게 돕는 것은 단순한 계획 수립을 넘어, 조직의 자생력을 키워주는 최고의 유산이 됩니다.

이타적 성장

[Self-Question]
───── 나를 깨우는 질문 ─────

- 나는 지금 상대의 주도성을 돕고 있나요, 아니면 나의 유능함을 뽐내는 데 급급한가요?
- 내가 이 프로젝트에서 빠졌을 때, 상대가 스스로 이 결과물을 유지할 수 있는 시스템을 남겨주었나요?
- 상대방이 나에게 전적으로 의존할 때 느끼는 묘한 우월감을 '전문가적 책임감'으로 착각하고 있지는 않나요?

[Action Idea]
───── '함께 일하도록' 질문 던지기 ─────

오늘 누군가에게 도움을 줄 때, 무조건 "제가 다 해드릴게요"라고 말하는 대신 이렇게 물어보세요. "이 부분에서 OO님(상대방)이 직접 참여해 주신다면 훨씬 더 의미 있는 결과가 나올 것 같습니다. 제가 그 과정을 어떻게 뒷받침해 드리면 좋을까요?" 그 질문 하나가 상대의 잠자고 있던 주도성을 깨우는 신호탄이 될 것입니다.

31

내가 기여할 수 있는 일에 당당하게 도전하기 :
전문가의 선의가 만드는 압도적 퀄리티

지하철역에서 무거운 캐리어를 들고 쩔쩔매는 어르신이나, 아이와 함께 있는 어머니를 마주할 때가 있습니다. 저는 기꺼이 그분들의 짐을 함께 들어 올립니다. 내 가족에게도 누군가 그런 친절을 베풀어주길 바라는 마음 때문입니다. 사실 누군가를 돕는다는 것은 조금 귀찮은 일이고, 때로는 나의 에너지를 손해 보는 일일 수도 있습니다. 하지만 나의 작은 손길이 누군가에게는 절실한 해결책이 될 수 있음을 믿는 것, 그것이 우리가 더 나은 사회로 나아가는 시작점입니다.

이러한 마음가짐은 비즈니스 현장에서도 강력한 힘을 발휘합니다. 프로젝트를 진행할 때 '이 업무면 계약된 만큼은 했지'라고 멈추는 대신, 자신의 전문성을 발휘해 상대가 미처 생각지 못한 부분까지 당당하게 기여하는 사람들이 있습니다. 이들은 단순히 과제를 완수하는 것에 그치지 않고, 자신의 장인정신을 솔루션에 녹여내어 결과물의 차원을 바꿔놓습니다. 진짜 이타적 성장을 이루는 전문가는 상대방이 보지 못하는 세상을 보여주고, 그 이상의 가치를 증명해 내는 '선의의 도전자'입니다.

[Case]
"걱정 마세요, 제가 더 잘해볼게요."라는 손길이 만든 반전

영상 프로젝트를 함께 진행하는 한 PD님이 있습니다. 저는 성격이 급한 편이라 퀄리티보다는 빠른 속도와 효율적인 비용에 더 집중하는 스타일입니다. 하지만 이 PD님은 결이 달랐습니다. 제가 "이 정도면 충분하니 빨리 마무리해서 넘기자."라고 재촉할 때마다, 그는 오히려 제게 확신에 찬 목소리로 말했습니다. "소장님, 걱정 마세요. 제가 이 부분은 더 신경 써서 잘 해보겠습니다. 조금만 믿고 기다려 주세요."

사실 성격 급한 제 입장에서는 제작 기간이 늘어나는 것이 답답하고 불안하기도 했습니다. 하지만 전문가가 스스로 손을 들고 더 잘해보겠다고 나서는 그 당당함에 마음이 움직였습니다. 저는 그를 믿고 기다려 주기로 했습니다. 단순히 기다리는 데 그치지 않고, 그가 작업을 더 잘 수행할 수 있도록 필요한 정보를 충분히 제공하고 안정적인 환경을 만들어주기 위해 노력했습니다. 틈날 때마다 칭찬과 격려, 감사의 마음을 표현하며 그가 자신의 장인정신을 마음껏 발휘할 수 있게 뒷받침했습니다.

결과물을 확인하는 순간, 제 불안은 감동으로 바뀌었습니다. 그는 단순히 편집만 한 것이 아니었습니다. 색보정부터 자막의 서체 하나까지 집요하게 만졌고, 영상이 올라갈 웹페이지의 구성과 썸네일 디자인까지 최적의 솔루션을 제안했습니다. 제가 요구하지 않았지만 결과적으로는 반드시 필요했던 '플러스 알파'를 본인의 전문성으로 채워준 것입니다.

그 경험을 통해 저는 큰 깨달음을 얻었습니다. 전문가가 스스로 기여할 수 있는 일에 기꺼이 손을 들고 나설 때, 프로젝트의 수준은 상상 이상으로 높아진다는 사실입니다. 또한 그런 전문가를 만났을 때 믿고 지지해 주는 것이 파트너로서 얼마나 중요한지도 배웠습니다. 그 PD님의 적극적 기여 덕분에 클라이언트는 최상의 만족감을 느꼈고, 저 역시 덩달아 더 큰 신뢰를 얻게 되었습니다.

그 이후 저 또한 누군가의 프로젝트에 제가 기여할 수 있는 지점이 보인다면, 더 큰 도움을 위해 망설이지 않고 당당하게 손을 들고 있습니다.

[Skill]
기여의 가치를 높이는 엑스트라 마일(Extra Mile) 기술

전문가의 선의는 단순히 '착한 행동'이 아니라 '압도적 퀄리티'를 만드는 전략입니다. 기여의 가치를 증명하는 세 가지 기술을 소개합니다.

(1) 선의의 당당한 제안 : 전문가의 관점으로 손들기

"이건 제 업무가 아닌데요."라고 선을 긋기보다, 내 전문 분야의 관점에서 더 나은 대안이 보인다면 적극적으로 나서야 합니다.

- **어떻게 할까요?**

"제 관점에서 보니 이런 부분을 보완하면 결과물이 훨씬 좋아질 것 같은데, 제가 한번 시도해 봐도 될까요?"라고 당당하게 제안하세요. 상대를 돕겠다는 선의가 전문가의 자신감과 만날 때, 상대는 당신을 대체 불가능한 동료로 인식합니다.

- **그 속의 원리**

'전문가적 권위(Expert Authority)'와 '적극적 기여'의 결합입니다. 단순히 시키는 일을 잘하는 것을 넘어, 결과의 품질을 위해 목소리를 내는 행위는 상대에게 당신이 프로젝트의 '주인'이라는 신호를 보냅니다. 이는 수동적인 용역 관계를 능동적인 파트너 관계로 격상시키는 핵심 원리입니다.

(2) 파트너의 주도성을 지지하는 '기다림과 격려'

동료나 파트너가 더 잘해보고 싶다며 손을 들었을 때, 그것을 '속도 저하'로 보지 말고 '가치 상승'의 기회로 보아야 합니다.

- **어떻게 할까요?**

상대가 주도성을 발휘할 수 있도록 믿고 기다려 주세요. 진행 과정에서 불안해하기보다 "필요한 정보가 있으면 언제든 말씀하세요.", "당신의 감각을 믿습니다." 같은 칭찬과 격려를 건네세요. 당신의 지지가 파트너의 기여를 더 가치 있게 만듭니다.

- **그 속의 원리**

심리학의 '피그말리온 효과(Pygmalion Effect)'입니다. 타인의 기대와 격려가 실제로 그 사람의 수행 능력을 높인다는 원리입니다. 파트너의 선의에 신뢰로 응답할 때, 상대는 자신의 한계를 뛰어넘는 최상의 퍼포먼스를 발휘하게 됩니다.

(3) 장인정신의 공유와 맥락 설명

내가 왜 이 부분에 에너지를 더 쏟았는지, 어떤 고민을 거쳐 이 디테일이 완성되었는지 상대에게 친절하게 설명하세요.

- **어떻게 할까요?**

결과물만 툭 던져주는 것이 아니라, 그 속에 담긴 전문가의 고민과 의도를 공유하세요. 고집으로 보일 수 있는 디테일이 '선의'로 전달되는 순간 감동이 시작됩니다.

- **그 속의 원리**

'노력 휴리스틱(Effort Heuristic)'입니다. 사람들은 어떤 결과물에 들어간 노력의 크기를 알게 될 때 그 가치를 훨씬 더 높게 평가하는 경향이 있습니다. 전문가의 고민과 맥락을 공유하는 것은 결과물

의 가치를 정당하게 인정받고 상대의 만족도를 극대화하는 세련

된 소통 기술입니다.

── 나를 깨우는 질문 ──

• 나는 지금 상대가 요청한 일만 기계적으로 하고 있나요, 아니면 내가 기여할 수 있는 최선을 다하고 있나요?

• 파트너가 더 높은 퀄리티를 위해 손을 들었을 때, 나는 그것을 지지하는 사람인가요, 아니면 속도를 재촉하는 사람인가요?

• '이 정도면 괜찮지 않나'라는 타협의 순간, 내가 한 걸음 더 나아가 상대를 감동시킬 수 있는 '한 끗'은 무엇일까요?

[Action Idea]
── 작은 보너스 하나 추가하기 ──

오늘 마무리할 업무나 전달할 자료에서 상대방이 요청하지 않았지만 도움이 될 만한 작은 디테일 하나를 추가해 보세요. 보기 편한 요약 한 줄, 관련 뉴스 링크, 혹은 '이런 부분까지 고려해서 작업했습니다.'라는 짧은 코멘트 등을 덧붙이는거에요.

이타적 성장

전체 내용을 한 장의 그림과 콘셉트로 설명하는 기술 :
복잡함을 이기는 시각적 직관의 힘

서점에 가면 수많은 책 중에서도 유독 시선을 잡아끄는 제목들이 있습니다. 광고 역시 화려한 미사여구보다 단 한 장의 강렬한 이미지가 더 큰 울림을 주기도 합니다. 이는 정보가 넘쳐나는 시대에 인간의 뇌가 복잡함을 거부하고 명확한 콘셉트에 반응하기 때문입니다. 누군가를 돕는 솔루션도 마찬가지입니다. 특히 결정권을 가진 리더들은 늘 시간에 쫓깁니다. 그들에게 수백 페이지의 상세 기획서를 들이미는 것은 도움이라기보다 또 다른 과업을 주는 일에 가깝습니다.

전문가의 진짜 실력은 방대한 데이터를 압축하여 상대의 머릿속에 한 장의 그림을 그려주는 것에서 드러납니다. 복잡한 문제를 단순한 도식과 매력적인 콘셉트로 치환해 주는 순간, 상대는 변화의 방향을 확신하게 됩니다. 구구절절한 설명보다 강력한 것은 "결국 우리가 가려는 길은 이 그림 한 장에 담겨 있습니다."로 보여줄 수 있는 시각적 직관력입니다.

[Case]
<u>100페이지 제안서를 이긴 '한 장의 상징'</u>

한 주얼리 기업의 연간 교육 체계를 설계할 때의 일입니다. 저는 프로젝트 돌입 초기, 의욕에 취해 시간대별 세부 커리큘럼부터 운영 주의 사항까지 빼곡히 담은 100페이지 분량의 제안서를 만들었습니다. 하지만 문득 의문이 생겼습니다. '과연 바쁜 리더들이 이 방대한 자료를 다 읽고 본질을 이해할 수 있을까?' 저는 즉시 모든 내용을 관통하는 하나의 메타포(Metaphor)를 찾기 시작했습니다.

단순히 그림 한 장을 그리는 것은 결코 쉬운 일이 아니었습니다. 전체 프로세스를 완벽하게 이해해야 했고, 그 안에서 하나의 맥락을 관통하는 스토리라인을 구축해야 했습니다. 기업의 특성에 맞추어 구조를 짜고, 그 가치를 상징할 수 있는 심벌(Symbol)을 만들어 엮어내는 과정은 100페이지의 문서를 쓰는 것보다 훨씬 더 깊은 고민과 에너지가 필요했습니다. 저는 고민 끝에 교육 단계를 '보석의 탄생'에 비유하여 도식화했습니다. 1단계는 원석을 발견하는 채굴, 2단계는 형태를 만드는 세공, 3단계는 최상의 가치를 부여하는 완성으로 명명했죠.

리더들은 수십 장의 세부 계획보다 그 한 장의 그림에 즉각적으로 반응했습니다. "우리가 가야 할 방향이 한눈에 보이네요. 이대로 갑시다!"라는 승인이 떨어졌습니다. 사람들은 압축된 한 장의 자료가 단순히 요약된 것이 아니라, 그 안에 담긴 전문가의 치열한 사유와 노력을 본능적으로 알아봅니다. 세부적인 내용은 나중에 조정해도 되지만, 그림 한 장이 준 방향성의 확신은 프로젝트 전체를 이끄는 강력한 신뢰 자본이 되었습니다.

[Skill]
복잡함을 이기는 '한 장의 콘셉트' 설계 기술

복잡한 것을 복잡하게 설명하는 것은 누구나 할 수 있지만, 복잡한 것을 단순하게 정의하는 것은 전문가만이 할 수 있습니다. 상대의 머릿속에 지도를 그려주는 두 가지 기술입니다.

(1) 업의 본질을 담은 메타포(metaphor)와 스토리라이닝(storylining)

상대에게 익숙한 세계의 언어를 빌려와 새로운 솔루션을 설명하세요.

- **어떻게 할까요?**

  주얼리 회사라면 보석을, IT 회사라면 연결이나 속도를 키워드로 삼으세요. 전체 프로세스를 관통하는 하나의 이야기를 만들고 그 이야기를 상징하는 심벌을 배치하세요. 익숙한 비유는 생소한 제안에 대한 심리적 저항을 낮추고 본질을 빠르게 이해시킵니다.

- **그 속의 원리**

  심리학의 '스키마 이론(Schema Theory)'입니다. 인간은 새로운 정보를 접할 때 기존에 알고 있던 지식 구조(스키마)에 연결하려는 경향이 있습니다. 익숙한 비유(메타포)를 사용하면 뇌는 새로운 제안을 '낯선 위협'이 아닌 '익숙한 확장'으로 받아들여 정보 처리 비용을 획기적으로 낮춥니다.

(2) '단순화의 용기'와 시각적 위계 설정

모든 정보를 다 담으려는 욕심을 버려야 합니다. 더 이상 뺄 것이 없는 상태가 가장 완벽한 디자인입니다.

- **어떻게 할까요?**

  가장 중요한 메시지가 3초 안에 눈에 들어오도록 크기와 색상을 조절하세요. 텍스트보다는 화살표, 계단, 원형 등의 도식을 활용하여 흐름을 보여주세요. 그림이 보일 때 상대는 비로소 당신과 '같은 그림'을 그리며 동행을 결정합니다.

- **그 속의 원리**

  '게슈탈트 법칙(Gestalt Principles)' 중 '단순성의 법칙'에 근거합니다. 인간의 뇌는 복잡한 형상을 가능한 단순하고 규칙적인 형태로 조직화하여 인지하려 합니다. 시각적으로 잘 구조화된 한 장의 그림은 인지적 과부하를 막고, 직관적인 의사결정을 내리도록 돕는 가장 강력한 도구가 됩니다.

[Self-Question]
───── 나를 깨우는 질문 ─────

• 지금 나의 유능함을 증명하기 위해 상사를 정보의 홍수 속에 빠뜨리고 있지는 않나요?

• 내가 제안하는 이 프로젝트를 단 한 장의 그림과 한 문장의 콘셉트로 요약할 수 있나요?

• 상대가 내 제안을 보고 3초 안에 "아, 이런 거구나!"라고 이해할 수 있을까요?

[Action Idea]
───── 10초 라인 드로잉(Line Drawing) 도전하기 ─────

지금 당신이 가장 고민하고 있는 프로젝트나 해결해야 할 문제를 떠올려 보세요. 그리고 종이 한 장을 꺼내 10초 동안 펜을 떼지 않고 단 하나의 그림으로 표현해 보세요. 이 단순한 드로잉 과정이 당신의 머릿속에 엉켜있던 복잡함을 걷어내고 본질을 발견하게 도와줄 것입니다.

33

데이터를 강력하게 만드는 이야기의 힘 :
숫자 이면의 진실로 설득하라

데이터는 비즈니스 현장에서 가장 강력한 설득의 도구입니다. 특히 성과를 측정하고 평가하는 과정에서 데이터는 주관적 판단을 배제하는 객관적인 지표가 됩니다. 최근에는 인공지능을 통해 방대한 데이터를 수집하고 분석하는 과정이 놀라울 정도로 쉬워졌습니다. 하지만 데이터 자체가 정답을 알려주지는 않습니다. 데이터는 현상을 보여줄 뿐, 이를 어떻게 해석하고 어떤 전략을 세울지는 전적으로 해석의 영역이기 때문입니다.

동일한 매출 상승 지표를 보고도 누군가는 시장의 확대로 해석하고, 누군가는 단기적 유행의 산물로 읽어냅니다. 전문가의 진짜 실력은 숫자 이면에 숨겨진 이야기를 발견하는 힘에서 나옵니다. 파편화된 데이터들을 하나의 논리적인 이야기로 연결할 때, 비로소 부서 간의 이견이 조율되고 조직은 한 방향으로 움직이기 시작합니다. 데이터에 이야기를 입히는 것은 차가운 숫자에 온기를 불어넣어 행동을 변화시키는 해법 디자인의 핵심 기술입니다.

[Case]
낀 세대 매니저를 구한 '데이터 스토리텔링'의 힘

조직의 판매 전략을 수립하는 한 매니저의 프레젠테이션 코칭을 맡았을 때의 일입니다. 당시 매출 데이터는 우상향 곡선을 그리고 있었고, 상사인 임원은 이 수치를 근거로 더욱 공격적인 목표 설정을 지시했습니다. 하지만 현장 직원들의 반응은 싸늘했습니다. "매출이 오른 만큼 노동 강도도 한계에 다다랐다."라는 불만이 쏟아지고 있었죠. 매니저는 상사의 압박과 부하 직원들의 반발 사이에서 이러지도 저러지도 못하는 고립무원의 상태였습니다.

저는 매니저와 함께 데이터를 다시 들여다보았습니다. 단순히 매출 총액만 보여주는 것이 아니라, 데이터 해석의 관점을 '지속 가능한 성장'으로 바꾸어 보았습니다. 우리는 데이터를 통해 두 가지 메시지를 추출했습니다. 첫째, 현재의 매출 상승은 직원들의 헌신적인 노력이 만든 결과라는 사실(감사). 둘째, 이 동력을 유지하기 위해서는 무조건적인 확장이 아닌 시스템의 효율화가 필요하다는 지표(전략)였습니다.

우리는 데이터를 나열하는 대신 하나의 이야기를 설계했습니다. "이 숫자는 우리 팀원들이 흘린 땀방울의 증거입니다. 하지만 지금처럼 엔

진을 과부하 상태로 두면 머지않아 멈출 위험이 있습니다. 이 승기를 굳히기 위해 우리는 지금 '선택과 집중'을 통한 효율화 전략을 가동해야 합니다."

발표의 결은 완전히 달라졌습니다. 고생한 직원들에게는 진심 어린 감사를 전하고, 상사에게는 데이터에 기반한 합리적 전략을 제시했습니다. 놀랍게도 직원들은 자신들의 노고를 인정받았다는 생각에 마음을 열었고, 임원 역시 매니저를 단순한 전달자가 아닌 전략적 통찰을 가진 리더로 인정하며 새로운 방향성에 동의했습니다. 데이터에 진심을 담은 이야기가 더해질 때, 조직은 비로소 갈등을 넘어 시너지를 낼 수 있음을 확인한 순간이었습니다.

[Skill]
데이터에 생명력을 불어넣는 스토리텔링 기술

데이터를 읽어주는 사람은 많지만, 데이터로 사람의 마음을 움직이는 사람은 드뭅니다. 숫자에 생명을 불어넣는 두 가지 기술을 소개합니다.

(1) 데이터 이면의 인과관계(Why) 탐색하기

숫자의 등락 그 자체보다 '왜 이런 결과가 나왔는가'에 대한 맥락을 찾아내야 합니다.

- **어떻게 할까요?**

매출이 올랐다면 시장의 호재 때문인지, 구성원의 헌신 때문인지, 혹은 경쟁사의 실수 때문인지 그 이면의 원인을 추적하세요. 숫자를 현상의 결과물로 보고 그 원인을 문장으로 정리할 때 데이터는 비로소 설득력을 얻습니다.

- 그 속의 원리

  심리학의 '귀인 이론(Attribution Theory)'입니다. 인간은 단순히 사건을 인지하는 데 그치지 않고 그 사건의 원인을 찾으려 노력합니다. 데이터의 원인(인과관계)을 명확히 규명해 줄 때, 상대는 그 정보를 '믿을만한 지식'으로 받아들이고 미래의 행동을 결정하게 됩니다.

(2) 부서 간의 언어를 통합하는 '서사(Narrative)' 구축하기

서로 다른 이해관계를 가진 이해관계자들을 하나의 목표로 묶기 위해 데이터에 공통의 서사를 입혀야 합니다.

- 어떻게 할까요?

  임원의 언어(수익)와 직원의 언어(보람/효율)를 데이터라는 교집합으로 묶어주세요. '우리가 이 지표를 달성하면 임원님은 시장의 주도권을, 직원들은 업무의 자부심을 얻을 수 있다'라는 식의 win-win 서사를 만드는 것입니다.

- 그 속의 원리

  조직 행동학의 '센스 메이킹(Sensemaking)' 원리입니다. 복잡하고 모

호한 상황에서 구성원들에게 '우리가 지금 무엇을 하고 있는가?'
에 대한 공유된 해석을 제공하는 것입니다. 데이터를 서사로 연결
하는 것은 조직원들에게 공동의 정체성과 행동 동기를 부여하는
강력한 리더십 도구가 됩니다.

- 나는 지금 데이터를 있는 그대로 나열하고 있나요, 아니면 의미를 담아 해석하고 있나요?

- 내가 제시한 숫자들이 조직 구성원들에게 '우리가 왜 이 일을 해야 하는지'에 대한 이유가 되어주고 있나요?

- 데이터가 보여주는 '차가운 지표'와 현장의 사람들이 느끼는 '뜨거운 실체' 사이의 간극을 어떻게 메우고 있나요?

[Action Idea]
———— 데이터에 '별명' 붙여보기 ————

오늘 다루는 핵심 지표에 짧은 별명을 붙여보세요. 단순히 '매출 지표' 라고 부르는 대신 '우리 팀의 땀방울 온도계' 혹은 '고객이 보내온 신뢰 점수'라고 명명해 보는 것입니다. 이름을 바꾸는 것만으로도 데이터를 다루는 마음가짐과 전달하는 에너지가 달라질 것입니다.

34

평가나 비난이 아닌 도움으로 연결되기 위한 피드백 기술 :
비난을 '도움 요청'으로 번역하라

우리는 수많은 피드백 교육을 받습니다. 피드백은 조직과 사람의 성장에 필수적인 자양분입니다. 하지만 이타적 성장을 꿈꾸는 전문가에게 피드백은 기술 그 이상의 의미를 갖습니다. 우리가 제안하는 솔루션이 100% 정답일 확률은 거의 없기 때문입니다. 타인의 삶과 조직의 맥락을 완전히 알 수 없는 외부자로서는 겸손하게 피드백을 수용하여 솔루션을 정교하게 다듬어가는 과정이 필요합니다.

문제는 피드백을 받는 것, 혹은 전하는 것 모두가 고통스럽다는 점입니다. 상대의 지적이 내 전문성에 대한 불신으로 느껴질 때 우리는 방어기제를 사용합니다. 반대로 상대를 향한 우리의 제언이 거센 반발에 부딪힐 때 우리는 좌절합니다. 이때 전문가에게 필요한 것이 바로 '정신승리의 해석학'입니다. 상대의 날카로운 피드백을 비판이 아닌 '제발 나를 좀 도와달라'는 간절한 신호로 번역해 보십시오. 피드백을 공격이 아

이타적 성장

닌 협업의 요청으로 받아들일 때, 우리의 솔루션은 비로소 완성도를 얻게 됩니다.

[Case]
"나를 망신 주려는 겁니까?" 절연의 위기를 넘어선 정직한 고백

스스로 소통의 달인이라 자부하던 한 조직의 대표와 컨설팅을 진행할 때의 일입니다. 그는 공식적인 자리마다 경청이 조직의 핵심이라고 강조했지만, 실제 회의에서는 남의 말을 끊기 일쑤였고 대화 시간의 대부분을 자신의 지식을 뽐내는 데 사용했습니다. 저는 고민 끝에 용기를 내어 객관적인 데이터를 내밀었습니다. "대표님, 최근 4번의 미팅을 기록해 보니 대표님의 발언 점유율이 80%에 달했습니다. 이대로라면 구성원들은 입을 닫게 될까 우려됩니다."

순간 분위기는 급격히 얼어붙었습니다. 대표는 당황을 넘어 분노 섞인 목소리로 외쳤습니다. "그럴 리가 없습니다! 내가 경청하는 사람인 건 누구나 압니다. 어쩌다 강사님이 오셨을 때만 상황이 그랬던 거 아닙니까? 왜 이런 조사를 해서 나를 창피 줍니까? 이런 식이라면 더 이상 함께 일할 수 없습니다!" 최악의 반응이었습니다. 프로젝트가 중단될 위기였고, 저 역시 '아, 이 조직은 여기까지인가 보다'라며 반쯤 포기한 마음으로 무거운 발걸음을 돌렸습니다.

그런데 3일 뒤, 대표에게서 다시 연락이 왔습니다. 다시 마주한 그는 이전과는 전혀 다른 눈빛이었습니다. 지난 며칠 동안 다른 임원과 직원들을 붙잡고 물어봤다고 했습니다. "정말 내가 말을 그렇게 많이 하나?" 돌아온 대답은 "사실 그렇다."라는 뼈아픈 진실이었습니다. 그는 고백했습니다. "내가 대표니까 비전을 제시하고 신뢰를 줘야 한다는 중압감에 나도 모르게 말을 쏟아냈던 것 같습니다. 나조차 나를 제대로 보지 못했네요."

자신의 취약함을 인정한 그의 용기는 조직 전체에 생기를 불어넣었습니다. '경청'은 구호가 아닌 실천의 영역으로 내려왔고, 대표가 먼저 입을 닫자 직원들의 아이디어가 터져 나오기 시작했습니다. 전문가가 던진 불편한 진실 한 마디가, 파열음을 넘어 조직의 소통 문화를 통째로 바꾸는 변곡점이 된 것입니다.

[Skill]
저항 없는 성장을 이끄는 피드백 디자인 기술

불편한 피드백이 상대에게 독이 아닌 약이 되게 하려면, 전달의 방식에 정교한 설계가 필요합니다.

(1) 비난을 '도움 요청(Please)'으로 재정의하기
상대방의 공격적인 불만이나 거부 반응을 "더 좋은 결과를 만들 수 있게 나를 도와달라."라는 요청으로 해석하세요.

- 어떻게 할까요?

상대가 목소리를 높일 때 '나를 공격한다'고 생각하지 말고, '저 사람이 이 프로젝트의 성공을 간절히 바라고 있구나'라고 생각하세요. 상대의 에너지를 비난이 아닌 열정으로 번역하는 순간, 유연한 대처가 가능해집니다.

- 그 속의 원리

심리학의 '인지적 재평가(Cognitive Reappraisal)'입니다. 자극에 대한 주관적 해석을 바꾸어 감정적 반응을 조절하는 기술입니다. 상대를 '적'이 아닌 '불안해하는 파트너'로 인식하면 나의 방어기제가 낮아져 더 본질적인 대안을 찾을 수 있습니다.

(2) 주관적 비판이 아닌 '객관적 데이터' 제시하기

상대의 변화를 끌어내고 싶다면 형용사가 아닌 숫자를 내미세요.

- 어떻게 할까요?

"소통이 안 된다."는 모호한 말 대신 '발언 점유율 80%'와 같은 수치를 제시하세요. 감정이 실리지 않은 데이터는 상대가 현실을 직시하게 만드는 가장 강력한 거울이 됩니다.

- 그 속의 원리

'인지적 부조화(Cognitive Dissonance)'를 유발하는 전략입니다. 자신이 믿고 있던 자아상(나는 경청하는 리더)과 실제 데이터(발언 점유율 80%)

사이의 괴리를 느끼게 하여, 그 불편함을 해소하기 위해 스스로 변화를 선택하게 만드는 원리입니다.

(3) 심리적 안전감과 공동 목표 강조하기

피드백의 목적이 상대의 파괴가 아닌 '우리의 성공'에 있음을 분명히 하세요.

- 어떻게 할까요?

  "대표님의 성격이 문제입니다."가 아니라 "우리의 공동 목표인 '조직 문화 개선'을 위해 이 지점이 보완되어야 합니다."라고 말하세요. 피드백을 인격과 분리하여 프로젝트의 성공을 위한 도구로 삼아야 합니다.

- 그 속의 원리

  '심리적 안전감(Psychological Safety)' 구축입니다. 실수를 지적받아도 안전하다는 믿음이 있을 때 인간은 비로소 방어막을 거두고 변화를 수용합니다. 피드백의 목적이 '평가'가 아닌 '성장'임을 확신시켜 주는 것이 핵심입니다.

- 나는 지금 상대의 피드백을 내 실력에 대한 공격으로 받나요, 아니면 더 정교한 솔루션을 위한 힌트로 받나요?

- 나는 상대방이 정말로 들어야 할 '불편한 진실'을 데이터로 말할 수 있는 용기를 가지고 있나요?

- 내가 주는 피드백은 진정 상대를 변화시키기 위한 것인가요, 아니면 나의 우월함을 증명하기 위한 것인가요?

[Action Idea]
———— '피드백 번역기' 돌리기 ————

이번 주 누군가로부터 부정적인 평가나 거센 반발을 듣는다면, 그 즉시 한 문장으로 번역해 보세요. '저 사람은 지금 이 일이 더 잘 되길 바라는 마음에 나에게 간절히 도움을 요청하고 있구나(Please)' 이 한 문장이 당신의 표정을 비난이 아닌 공감으로 바꿔줄 것입니다.

35

가장 익숙한 것으로부터의 혁신 : 과거의 자산을 지렛대로 삼는 법

전문가로서 가장 힘이 빠지는 순간은 밤을 새워 만든 결과물이 '이미 우리에게 있는 것과 비슷하다'라는 피드백을 받을 때입니다. 하지만 역설적으로 유사한 모델이 이미 존재한다는 것은, 그 조직이 추구하는 방향성을 전문가가 제대로 짚었다는 증거이기도 합니다. 진정한 맞춤형 솔루션은 바닥에서부터 모든 것을 새롭게 만드는 '발명'이 아닙니다. 조직이 가진 기존의 자산과 성공 공식을 존중하되, 현재의 결핍을 채우고 미래의 지향점을 담아 세련되게 업그레이드하는 과정입니다.

효과적인 솔루션을 설계하기 위해서는 탄탄한 논리(좌뇌)와 시각적으로 선명한 디자인(우뇌)이 조화를 이루어야 합니다. 무엇보다 중요한 것은 현실의 제약에 부딪히기 전, 그 조직이 꿈꾸는 가장 이상적인 모습을 먼저 그려보는 것입니다. 지향점이 선명할 때 솔루션의 핵심 스토리는 흔들리지 않기 때문입니다. 처음부터 모든 것을 새로 만들겠다는 욕심을 내려놓고, 조직의 역사 위에 나의 전문성을 쌓아 올릴 때 가장 단단하고 실질적인 결과물이 나옵니다.

[Case]
낭비될 뻔한 예산을 '품질의 깊이'로 전환한 기획

한 기업의 역할 체계와 역량 모델을 설계해달라는 의뢰를 받았을 때의 일입니다. 저는 의욕적으로 뛰어들었습니다. 구성원들을 인터뷰하고 조직의 기대사항을 분석하며, 세상에 없던 완벽한 모델을 만들기 위한 전체 과정을 만들었습니다. 개발에 들어갈 방대한 시간과 높은 예산을 책정하며 '정말 대단한 결과물을 보여주겠다'라고 다짐했죠. 하지만 초기 미팅 과정에서 뜻밖의 사실을 알게 되었습니다. 그 회사에는 이미 몇 년 전 큰 비용을 들여 컨설팅받은, 상당히 수준 높은 자료들이 이미 존재하고 있었습니다.

처음에는 허탈했습니다. 새로 개발할 생각에 부풀어 있었는데, 이미 자료가 있다면 전문가로서 나의 역할이 줄어드는 게 아닐지 걱정도 됐습니다. 하지만 자료를 꼼꼼히 뜯어보니 내용은 훌륭했습니다. 다만 그 좋은 자료들이 현장에 맞게 언어화되지 못하고 서류철 속에 사장되어 있을 뿐이었습니다. 저는 고집을 부리는 대신 전략을 수정했습니다. "이미 훌륭한 기초 자산이 있으니, 모델을 새로 개발하는 데 들일 예산과 시간을 교육의 질을 높이고 실제 현장에 안착시키는 데 집중합시다."

결과는 대만족이었습니다. 클라이언트는 불필요한 개발 비용을 아끼면서도, 기존의 유산을 계승해 더 고도화된 솔루션을 얻게 되었습니다. 저 역시 낡은 콘텐츠를 덜어내고 저만의 최신 논리를 입혀 '업그레이드된 맞춤형 모델'을 완성했습니다. 조직의 역사를 존중하며 그 위에 전문성을 쌓아 올린 덕분에, 신규 개발만 고집했을 때보다 훨씬 더 조직원들의 공감을 얻는 입체적인 결과물이 탄생했습니다.

[Skill]
과거의 자산을 지렛대 삼는 '업그레이드' 기술

조직의 과거 자산을 활용하는 것은 단순히 편하게 일하는 것이 아니라, 가장 안전하고 확실하게 신뢰를 얻는 고도의 기술입니다.

(1) '과거의 자산'을 지렛대로 활용하기

과거에 성공했던 자료나 기존의 문화는 조직의 정체성이 담긴 소중한 데이터입니다.

- **어떻게 할까요?**

  새로운 것을 제안하기 전, 상대가 이미 보유한 관련 자료를 모두 요청해 분석하세요. 좋은 부분은 유지하되 낡은 부분을 걷어내는 '재해석 방식'을 택하면 소통의 비용이 획기적으로 줄어듭니다.

- **그 속의 원리**

이타적 성장

'경로 의존성(Path Dependency)'의 긍정적 활용입니다. 인간은 과거의 결정이나 익숙한 체계 위에 새로운 것이 더해질 때 심리적 저항을 덜 느끼고 안정감을 얻습니다. 기존 자산을 존중하는 태도는 상대에게 "이 전문가는 우리 조직을 깊이 이해하고 있다."라는 강력한 메시지를 줍니다.

(2) 좌뇌적 논리와 우뇌적 패키징의 조화

솔루션은 머리로 이해되어야 하고, 동시에 가슴으로 설레야 합니다.

- **어떻게 할까요?**

  탄탄한 이론적 배경(논리)을 갖추되, 그것을 설명하는 도표나 디자인(감성)을 세련되게 다듬으세요. 아무리 좋은 모델도 조잡한 디자인에 담기면 그 가치가 평가절하됩니다.

- **그 속의 원리**

  뇌과학의 '이중 부호화 이론(Dual-Coding Theory)'입니다. 정보가 언어적(논리) 형태와 비언어적(이미지) 형태로 동시에 제공될 때 인간은 더 빠르고 정확하게 정보를 처리하고 기억합니다. 논리와 디자인의 조화는 솔루션의 전문성을 완성합니다.

(3) 이상적 모델링 후 '현실적 조정' 단계 거치기

처음부터 예산이나 인력의 제약에 갇히면 평범한 결과물만 나옵니다.

• **어떻게 할까요?**

우선 제약을 잊고 그 조직이 바라는 '가장 완벽한 지향점'을 먼저 그려보세요. 최고 수준의 비전을 먼저 설정한 뒤, 그 다음 단계에서 예산과 상황에 맞춰 현실적인 우선순위를 정해 조정해 나가는 것입니다.

• **그 속의 원리**

'목표 설정 이론(Goal Setting Theory)'입니다. 목표가 구체적이고 도전적일 때 더 높은 성과가 나옵니다. 이상적인 비전을 먼저 설정하는 과정은 솔루션이 현실과의 타협에 매몰되지 않고 고유의 가치를 유지하게 만드는 닻 역할을 합니다.

이타적 성장

- 나는 지금 나의 유능함을 증명하기 위해 조직이 이미 가진 소중한 자산을 무시하고 있지는 않나요?
- 내가 제안하는 모델은 탄탄한 이론적 근거(논리)와 매력적인 디자인(감성)을 모두 갖추고 있나요?
- 나는 상대가 이미 가진 것을 활용해 더 큰 성과를 낼 수 있는 '지렛대'를 찾으려 노력하고 있나요?

[Action Idea]
──── '이상적 페르소나' 그려보기 ────

현재 설계 중인 프로젝트가 있다면, 모든 예산과 시간의 제약을 제외하고 '우리 회사가 꿈꾸는 가장 완벽한 결과물'의 모습을 키워드 5개로 적어보세요. 그 5개의 키워드가 당신이 끝까지 지켜내야 할 솔루션의 정수입니다.

36

복잡한 요구사항을 심플한 핵심 과제로 요약하는 법 :
단순함이 만드는 최강의 몰입

가끔 논문 수준의 방대한 제안요청서(RFP)를 마주할 때가 있습니다. 수많은 이해관계자의 요구와 복잡한 현장의 문제들이 뒤엉킨 문서를 보면 숨이 막히곤 하죠. 모든 답을 다 찾으려는 것보다 핵심부터 파악하는 것이 훨씬 효과적이라는 것을요.

단순화는 그저 내용을 단순하게 쳐내는 작업이 아닙니다. 복잡한 요구사항 속에서 본질을 꿰뚫어 '진짜 문제'를 찾아내고, 파편화된 요청들을 하나의 관통하는 맥락으로 연결하는 과정입니다. 지금 당장 집중해야 할 핵심 과제를 정의하되, 그것이 처음에 원했던 방대한 목표들과 어떻게 연결되는지 전체적인 로드맵을 보여줄 수 있어야 합니다. 복잡한 문제를 단순하게 정의하는 순간, 상대의 머릿속은 맑아지고 비로소 변화를 향한 강력한 몰입이 시작됩니다.

[Case]
거대한 담론을 4개의 질문으로 풀어낸 로드맵

한 공공기관으로부터 고연차 리더들을 대상으로 하는 '직업 소명 교육'을 의뢰받았습니다. 요청받은 목표는 실로 방대했습니다. 직무 전문성부터 리더십, 소통, 직업 윤리, 성찰까지…. 교육 경험이 많지 않았던 기관 담당자는 좋은 내용을 모두 넣고 싶어 했습니다. 하지만 정작 학습자인 리더들은 업무에 지쳐 있었고 주어진 시간은 단 4시간뿐이었습니다. 자칫하면 지루한 나열식 교육으로 실패할 위기였죠.

우선 용어 정의와 상황 파악부터 시작했습니다. "왜 지금 이 교육을 하려 하시나요?"라는 질문을 통해 배경과 목적을 깊이 있게 인식했습니다. 대화 끝에 발견한 진짜 문제는 리더들이 지식을 몰라서가 아니라, 자신의 역할에 대한 '의미'를 잃어버렸다는 점이었습니다. 저는 담당자에게 무리한 전수보다는 단계별 접근을 제안했습니다. 가장 급하고 중요한 '의미 찾기'를 시작점으로 잡고, 나머지 방대한 목표들은 연간 로드맵 안에서 차례로 다루기로 한 것입니다.

복잡한 개념들을 모두 걷어내고, 다음과 같이 리더들의 마음을 움직일 4가지 핵심 질문으로 전체 맥락을 재구성했습니다.

- 왜(Why) 우리는 소명을 따라 이 일을 하는가?
- 무엇(What)이 우리를 소명을 가진 리더로 만드는가?
- 어떻게(How) 소명을 가진 리더는 행동해야 하는가?

– 미래(Future) 소명을 통해 일하는 우리가 되기 위해 무엇을 할 것인가?

방대한 이론을 학습자 스스로 답해야 할 질문의 형태로 단순화하여 전체 흐름(Flow)을 보여주자, 담당자는 "복잡했던 머리가 맑아지는 기분입니다."라며 반색했습니다. 실제 교육에서도 리더들은 파편화된 지식이 아닌 '나의 이야기'에 집중하며 깊은 성찰의 시간을 가졌습니다. 이 첫 번째 과정의 성공은 결국 신뢰로 이어져, 해당 기관의 연간 리더십 프로젝트 전체를 맡아 진행하는 값진 결과로 돌아왔습니다.

[Skill]
복잡함을 본질로 바꾸는 핵심 요약 기술

복잡한 요구를 단순하게 만드는 것은 상대를 배려하는 가장 고도의 지적 서비스입니다.

(1) 맥락의 재구성(Re-contextualization)

상대가 준 모든 요구사항을 나열하지 말고, 그 모든 요구가 향하는 '단 하나의 목적'을 찾으세요.

• **어떻게 할까요?**

"결국 이 모든 요구를 통해 도달하고 싶은 최종 상태(To-Be)는 무엇인가요?"라고 질문하세요. 파편화된 목적들을 하나의 문장으로 엮어 로드맵을 그려주면, 상대는 막연한 불안감에서 벗어나 현재 가장 필요한 과제에 집중하게 됩니다.

- 그 속의 원리

'정보 압축(Information Compression)'의 원리입니다. 인간의 뇌는 정보를 청크(Chunk) 단위로 묶어 기억할 때 가장 효율적으로 작동합니다. 복잡한 목표를 하나의 맥락으로 구조화해 주면 인지적 부하가 줄어들어 훨씬 강력한 설득력을 갖게 됩니다.

(2) 우선순위의 선별과 집중(Prioritization)

물리적 시간 안에서 해결할 수 없는 것은 과감히 제외하거나 다음 단계로 넘겨야 합니다.

- 어떻게 할까요?

'가장 중요하면서도 급한 것'을 시작점으로 잡으세요. 모든 것을 수용하는 친절함보다 "지금은 이 부분에 집중하는 것이 가장 효과적입니다."라고 말할 수 있는 전문가적 용기가 필요합니다. 나머지 목적은 로드맵 상의 다음 과제로 배치하여 상대를 안심시키세요.

- 그 속의 원리

'파레토 법칙(Pareto Principle)'입니다. 전체 결과의 80%는 핵심적인 20%의 원인에서 나옵니다. 가장 본질적인 핵심 과제에 집중할 때 최소한의 시간으로 최대한의 교육 효과를 끌어낼 수 있습니다.

(3) 질문을 통한 개념의 단순화

개념적인 설명은 길어질수록 지루해집니다. 핵심 내용을 학습자가 답해야 할 질문으로 바꾸세요.

- **어떻게 할까요?**

  이론을 가르치기 보다, 그 이론이 말하는 바를 질문으로 던지세요. 복잡한 직업 윤리 이론을 설명하는 것보다 "당신에게 일의 자부심은 어디에서 오는가?"라고 묻는 것이 훨씬 더 강력한 행동 지침이 됩니다.

- **그 속의 원리**

  '질문의 생성 효과(Generation Effect)'입니다. 단순히 정보를 수동적으로 받아들일 때보다, 질문에 대해 스스로 답을 생성해 낼 때 뇌는 훨씬 더 깊이 있게 정보를 처리하고 오랫동안 기억합니다. 질문은 복잡함을 걷어내고 본질에 직면하게 하는 거울이 됩니다.

- 나는 지금 상대의 모든 요구를 다 들어주려다가, 이도 저도 아닌 '평범한 솔루션'을 만들고 있지는 않나요?

- 내가 만든 제안서를 단 세 문장으로 요약했을 때, 그 핵심 메시지가 명확히 전달되나요?

- "이 부분은 이번에 다루지 않는 것이 더 효과적입니다."라고 말할 수 있는 전문가로서의 용기를 가지고 있나요?

[Action Idea]
──── 3개 포인트로 요약해보기 ────

최근에 읽은 긴 보고서나 상대의 요청 사항 하나를 골라보세요. 그리고 그것을 딱 3가지의 핵심 키워드나 문장으로 요약해 보세요. 그 3가지가 전체의 맥락 속에서 어떻게 연결되는지 한 줄의 설명을 덧붙여 보시기 바랍니다.

갈등이 있는 조직에서 퍼실리테이터의 중재 역할 :
엉킨 실타래를 푸는 대화의 설계

모든 조직에는 갈등이 존재합니다. 눈에 보이는 격렬한 대립부터 수면 아래의 차가운 냉소까지. 갈등을 다루는 방식이 곧, 그 조직의 수준을 결정합니다. 갈등을 마주할 때 사람들은 보통 두 가지 유형의 반응을 보입니다. 첫 번째는 회피형(I'm not OK, You're OK)입니다. 나를 희생해서라도 충돌을 피하려 하지만, 결국 본인이 지쳐 떨어져 나갑니다. 두 번째는 공격형(I'm OK, You're not OK)입니다. 타인의 감정보다는 자신의 정당성만을 앞세워 주변에 상처를 남깁니다.

진정한 전문가는 이 두 극단 사이에서 퍼실리테이터(Facilitator)의 역할을 수행해야 합니다. 여기서 주의할 점은 중재자가 단순히 양쪽의 중간 지점을 찾는 기계적 중립을 지키는 사람이 아니라는 것입니다. 퍼실리테이터는 철저하게 조직의 이익과 목적을 위해 움직여야 합니다. 갈등의 당사자들이 문제를 '사람(Who)'과 동일시하는 관점에서 벗어나, 해결해야 할 '현상(What)'의 관점으로 이동하도록 대화를 설계하는 사람입니다. 엉킨 실타래를 풀어내어 모두의 감정이 괜찮은(I'm OK, You're OK) 상태에서 협력할 수 있게 만드는 것이 해법 디자인의 정점입니다.

[Case]
<u>뼈아픈 웃음 뒤에 찾아온 세대 갈등의 극적 화해</u>

한 공공기관에서 세대 갈등을 주제로 한 패널 토크 기획 및 운영 의뢰를 받았습니다. 아무런 가이드 없이 패널들을 무대에 올리면 자칫 서로를 비난하는 성토대회가 되기 십상이었습니다. 사람에게 집중하는 사고(Who)를 멈추고 객관적인 현상(What)에 집중하게 만드는 것은 생각보다 훨씬 어려운 작업입니다. 대화의 그라운드 룰을 설정해도, 일단 감정이 섞이기 시작하면 시선은 다시 '사람'을 향하기 때문입니다.

저는 이 문제를 해결하기 위해 '외연화(Externalization)' 기법을 도입했습니다. 직접적으로 서로의 잘못을 따지는 대신, 현장의 갈등 양상을 그대로 투영한 가상의 사례들을 스토리텔링 형식으로 들려주었습니다. "어느 조직에 이런 팀장님과 이런 신입사원이 있었습니다."라고 시작하는 이야기들은 갈등을 제3의 사건으로 객관화시켰습니다. 저는 이 사례들을 아주 재치 있고 생생하게 묘사했습니다. 패널들은 남의 이야기인 줄 알고 배꼽을 잡고 웃었지만, 이야기가 진행될수록 그 웃음 뒤에는 묘한 정적과 씁쓸함이 감돌았습니다. '저건 바로 내 이야기인데'라는 자각이 일어난 것입니다.

　이야기를 통해 자신을 돌아보는 '찔림'의 순간이 찾아오자 비로소 대화의 문이 열렸습니다. 사람을 향했던 날 선 공격 대신 "아, 상대방 입장에서는 저 상황이 저렇게 느껴질 수도 있겠구나."라는 이해와 수용이 일어나기 시작했습니다. 저는 이 틈을 놓치지 않고 "그렇다면 이 현상을 해결하기 위해 우리는 무엇을 할 수 있을까요?"라며 대화의 물길을 공동의 과제로 돌렸습니다. 재미있는 이야기로 시작해 뼈아픈 성찰을 거쳐, 결국 하나의 목적을 향해 함께 대화할 수 있는 토대를 만든 것입니다. 덕분에 화합의 장은 성공적으로 마무리되었습니다.

[Skill]
엉킨 갈등을 푸는 대화 중재 기술

갈등 중재는 감정의 파도를 잠재우고 이성의 다리를 놓는 작업입니다.

(1) 사람(Who)이 아닌 현상(What)에 집중하기

갈등을 '그 사람의 성격 문제'가 아닌 '우리가 해결해야 할 외부의 과제'로 정의해야 합니다.

- **어떻게 할까요?**

　"당신이 문제야."라는 말이 나오면 즉시 개입하여 "우리의 업무 수행 방식 중 '이 지점'에서 발생하는 비효율을 어떻게 개선할까요?"

로 질문을 재구성하세요. 퍼실리테이터는 대화의 주어를 '사람'에서 '상황'과 '시스템'으로 바꿔주는 사람이어야 합니다.

- 그 속의 원리

사회심리학의 '귀인 이론(Attribution Theory)'과 관련이 있습니다. 인간은 타인의 실수를 상황보다 성격 탓으로 돌리는 경향(기본적 귀인 오류)이 있습니다. 이를 인위적으로 상황이나 과제(What) 탓으로 돌리게 함으로써 감정적 대립을 줄이고 분석적 사고를 유도하는 원리입니다.

(2) 스토리텔링을 통한 '문제의 객체화'

갈등을 당사자들과 분리하여 제3자의 시선으로 바라보게 만드는 장치가 필요합니다.

- **어떻게 할까요?**

갈등 상황과 유사한 가상의 사례나 비유를 활용해 보세요. 직접적인 지적보다 '이야기'라는 완충지대를 통과할 때 사람들은 방어 기제를 내려놓고 자신을 투영해 봅니다. 쓴웃음 뒤에 찾아오는 자각은 스스로 변화를 선택하게 만드는 가장 강력한 동기가 됩니다.

- 그 속의 원리

내러티브 치료의 '외연화(Externalization)' 원리입니다. '사람이 문제가 아니라 문제가 문제다'라는 전제하에, 사람과 문제를 분리하여 바라보게 함으로써 죄책감이나 분노 없이 문제 자체를 공략할 수 있는 심리적 여유를 만들어줍니다.

(3) 감정(Who)에서 가치(What)로의 리프레이밍(Reframing)

상대의 거친 감정적 언어를 조직의 핵심 가치와 연결된 전문적인 언어로 다시 표현해 주세요.

- **어떻게 할까요?**

  "저 사람은 너무 고집불통이에요."라는 말을 "담당자님은 원칙과 전문성을 지키려는 욕구가 매우 강하시군요."라고 통역해 보세요. 중재자의 세련된 통역은 '사람에 대한 미움'을 '가치에 대한 열정' 으로 재해석하게 만듭니다.

- **그 속의 원리**

  '리프레이밍(Reframing)' 효과입니다. 사물을 바라보는 틀(Frame)을 바꿈으로써 그 의미를 완전히 다르게 해석하게 만드는 기법입니다. 사람의 성향을 비난하는 대신 그 이면의 긍정적인 가치나 욕구 (What)를 찾아내어 연결해 주면 갈등은 협상을 위한 원료로 바뀝니다.

이타적 성장

- 나는 갈등을 마주했을 때 상대를 공격하거나 회피하지 않고, 문제를 해결하기 위한 '제3의 길'을 설계하고 있나요?
- 나의 중재는 단순히 양쪽의 기분을 맞춰주는 것인가요, 아니면 조직의 목적 달성이라는 '현상'을 향하고 있나요?
- 상대방의 거친 비난 뒤에 숨겨진 그들의 긍정적인 의도나 절실한 요구를 읽어낼 준비가 되었나요?

이번 주 갈등이 예상되는 미팅이 있다면 시작 전 이렇게 선언해 보세요. "오늘은 누구의 잘못을 따지는 사람 중심의 대화보다는, 우리 일이 더 잘 되기 위해 무엇을 개선하면 좋을지에만 집중해 볼까요?" 그리고 대화가 다시 사람을 향할 때마다 정중히 그 흐름을 현상(What)으로 돌려보시기 바랍니다.

38

내부 전문가를 키워 자생력을 선물하는 법 :
고차원적 파트너십을 향한 새로운 여정

진정한 솔루션은 전문가가 정답을 쥐여주는 순간이 아니라, 조직이 스스로 답을 찾아 실행할 수 있는 근육을 갖추었을 때 비로소 완성됩니다. 전문가의 본질적 역할은 마법처럼 모든 문제를 해결해 주는 것이 아니라, 변화의 불씨를 지필 내부 전문가(Change Agent)를 발굴하고 육성하는 것입니다. 이들이 스스로 성취감을 느끼고 또 다른 리더를 양성할 때, 조직문화는 비로소 뿌리부터 변화하기 시작합니다.

조직의 자생력을 높이는 과정에는 명확한 단계가 필요합니다. 처음에는 전문가가 앞장서서 경험을 전수하는 '의존적인(Dependent)' 단계를 거칩니다. 이어 내부자가 주도하되 전문가가 곁에서 돕는 '상호 의존적인(Co-dependent)' 과정을 지나, 마침내 스스로 수행하는 '독립적인(Independent)' 단계에 도달해야 합니다. 최종적으로 이들이 후배를 양성하는 '마스터(Master)'로 성장할 때, 전문가는 단순히 일을 넘겨주고 떠나는 것이 아니라 더 높은 차원의 전략을 함께 고민하고 새로운 길을 개척하는 진정한 동반자가 됩니다. 이러한 선순환은 전문가와 조직이 함께 성장하는 새로운 가능성의 문을 열어줍니다.

[Case]
'대체 불가능한 마스터'로 거듭난 베테랑들과의 협업 관계

다양한 직군의 베테랑들이 모인 한 조직에서 사내 강사 양성 과정(TTT)을 진행했을 때의 일입니다. 처음에는 거부감이 상당했습니다. "현업도 바쁜데 왜 내가 강의까지 해야 하느냐", "내 노하우를 다 공개하면 내 입지가 좁아지는 것 아니냐."라는 우려 섞인 목소리가 컸습니다.

사전 과제로 강의안을 받아보았을 때, 내용은 예상보다 더 평범했습니다. 다들 바쁘기도 했겠지만, 주로 어디서나 볼 수 있는 일반적인 정보나 딱딱한 매뉴얼 위주의 자료들이었습니다. 학습자가 누구인지, 이 내용이 왜 필요한지에 대한 고민 없이 그저 자신이 아는 지식을 나열한 수준이었죠. 저는 그들과 마주 앉아 구조화를 새롭게 시작했습니다. "왜 이 일을 하시나요?", "현장에서만 겪은 당신만의 결정적 순간은 언제였나요?" 같은 질문을 통해 그들의 암묵지를 끄집어냈습니다.

각자의 강점과 개성을 콘텐츠에 녹이고 스토리텔링을 덧입히자, 누구도 흉내 낼 수 없는 독보적인 결과물들이 탄생했습니다. 평범한 매뉴얼은 현장의 숨결이 깃든 '대체 불가의 노하우'로 변모했습니다. 이 과정에서 베테랑들은 큰 효능감을 느꼈습니다. 자신의 지식을 나눠줄수록 전문성이 사라지는 것이 아니라, 오히려 조직 내에서 독보적인 마스터로 자리매김하게 된다는 사실을 깨달은 것입니다.

놀라운 변화는 그 다음이었습니다. 마스터가 된 그들은 이제 현장의 생생한 이야기를 들려주며 제가 나아갈 방향에 대해 영감을 주는 파트너가 되었습니다. 제가 그들을 가르치는 관계를 넘어, 이제는 그들이 저에게 피드백을 주며 함께 성장하는 고차원적인 관계가 형성된 것입니다. 조력자가 주도성을 내려놓고 내부 전문가를 세울 때, 비즈니스는 비로소 '용역'을 넘어 '상호 진화'의 단계로 나아갑니다.

[Skill]
조직의 자생력을 높이는 '성장 단계' 설계 기술

전문가의 전문성은 내가 가진 것을 움켜쥘 때가 아니라, 타인에게 성공적으로 전수될 때 비로소 완성됩니다.

(1) 4단계 성장 로드맵 구축하기

'의존 → 상호 의존 → 독립 → 마스터'로 이어지는 진화의 경로를 설계하세요.

- **어떻게 할까요?**

  프로젝트 초기부터 "언젠가 저는 관찰자로 물러날 것입니다."라고 선언하세요. 단계별로 나의 개입 비중을 줄이고 내부자의 목소리를 높이는 장치를 배치해야 합니다.

• **그 속의 원리**

비고츠키의 '근접 발달 영역(ZPD)' 이론입니다. 학습자가 혼자서는 할 수 없지만 도움받으면 할 수 있는 영역에 적절한 비계(Scaffold-ing)를 설정해 주고, 능력이 향상됨에 따라 비계를 철거해 나가는 과정이 조직의 진정한 독립을 만듭니다.

(2) 지식의 자산화와 '대체 불가한 효능감' 연결하기

내부 전문가가 자신의 경험을 정리하며 자신의 가치를 발견하게 도와야 합니다.

• **어떻게 할까요?**

단순히 지식을 나열하게 하지 말고, 그들만의 고유한 스토리와 강점을 구조화해 주세요. 자신의 노하우가 조직의 공식적인 자산이 되는 과정을 경험할 때, 지식 공유에 대한 두려움은 전문가로서의 자부심으로 바뀝니다.

• **그 속의 원리**

'암묵지의 형식지화(SECI 모델)'입니다. 개인의 내면에 머물러 있는 노하우를 언어와 도표로 표출하는 과정에서 본인 자신도 지식의 체계가 정립되며, 이를 통해 더 높은 차원의 전문성을 획득하게 됩니다.

(3) 고차원적 파트너십으로의 관계 재정의

내부 전문가가 성장하면 전문가의 역할은 '가르치는 사람'에서 '성장을 설계하는 사람'으로 바뀌어야 합니다.

- **어떻게 할까요?**

  그들이 실행하는 모습을 보며 정교한 피드백을 제공하고, 반대로 현장의 인사이트를 적극적으로 수용하세요. 그들과 상호 피드백을 주고받는 '상호 진화(Co-evolution)' 관계를 구축하는 것이 성숙한 조력자의 자세입니다.

- **그 속의 원리**

  '상호주의(Reciprocity)' 원칙입니다. 지식과 피드백이 한 방향이 아닌 양방향으로 흐를 때 신뢰의 깊이는 더해지며, 조직은 외부인에게 의존하지 않는 건강한 자생 생태계를 갖추게 됩니다.

이타적 성장

[Self-Question]
— 나를 깨우는 질문 —

- 나는 지금 클라이언트를 나에게 계속 의존하게 만드나요, 아니면 나 없이도 빛날 수 있게 돕고 있나요?
- 우리 조직 내에서 변화를 지속할 체인지 에이전트는 누구이며, 그들이 자신만의 고유한 스토리를 가질 수 있게 돕고 있나요?
- 내부 전문가가 성장했을 때, 나는 그들을 경쟁자가 아닌 상호 성장하는 파트너로 인정할 준비가 되었나요?

[Action Idea]
— '나 없이 회의하는 기회' 제공하기 —

이번 주 진행하는 프로젝트 미팅 중 하나를 내부 구성원이 직접 주도하게 해보세요. 당신은 발언을 아끼고 관찰자로서만 존재하며, 미팅이 끝난 후 그들의 진행 방식에 대해 따뜻하고 정교한 피드백만 제공해 보는 것입니다. 그 작은 '비워둠'이 그들에게는 커다란 '성장의 공간'이 될 것입니다.

Part 4. 연대와 확장

나를 넘어
세상과 공명하는 법

동기화가 상대의 마음을 읽는 과정이었고 해법 디자인이 그 마음이 머물 수 있는 집을 짓는 과정이었다면, 마지막 Part 4. 연대와 확장은 그 집을 마을로 넓혀가는 과정입니다. 나라는 도구를 세상이라는 넓은 캔버스에 투영하여, 홀로 빛나는 별이 아니라 서로를 비추는 성좌가 될 때 우리의 성장은 비로소 지속 가능성을 얻습니다.

자리이타(自利利他)의 가치와 실천 :
나를 돌봄이 곧 남을 돕는 길이다

불교의 『화엄경』에는 '자리이타(自利利他)'라는 말이 등장합니다. 자신을 이롭게 하는 일이 결국 남을 이롭게 하는 일이며, 남을 이롭게 하는 행위가 곧 나를 완성하는 길이라는 뜻입니다. 흔히 이타주의라고 하면 나를 희생하여 남을 돕는 숭고한 행위만을 떠올리기 쉽지만, 진정한 의미의 이타적 성장은 나와 타인의 이익이 수레바퀴처럼 함께 굴러갈 때 비로소 지속 가능해집니다. 내가 행복하고 내가 자라나야 그 에너지로 타인을 더 깊고 넓게 도울 수 있기 때문입니다.

누군가를 돕는 마음은 위대하지만, 그 과정에서 나를 잃어버린다면 그것은 성장이 아니라 소모일 뿐입니다. 지혜로움이 결여된 선함은 때로 나를 망치고 상대방마저 망칠 수 있습니다. 프로페셔널한 조력자라면 정당한 대가를 요구하고 그 이상의 가치를 증명해 내는 동시에, 그 일을 통해 내가 배우고 성장하는 것이 무엇인지 명확히 파악해야 합니다. 나를 돌보는 것이 곧 남을 돕는 길임을 깨달을 때, 우리의 조력은 비로소 단단한 뿌리를 내립니다.

[Case]

'나를 이롭게 함이 곧 남을 이롭게 한다'는 묵직한 가르침

'세바시'의 대기실에서 곽정은 작가를 만났을 때의 일입니다. 방송을 통해 익숙했던 모습 너머, 그녀에게서는 명상과 자기 인식을 깊이 공부한 수행자 특유의 평온함이 느껴졌습니다. 그녀의 책 『자기 해방』에 사인받을 때, 정성스레 적어준 문구가 바로 '자리이타(自利利他)'였습니다. 단순히 멋진 글귀가 아니었습니다. 그 네 글자에는 작가 본인이 삶의 풍파를 겪으며 자신을 치유하고 성찰하며 얻은 배움과 나눔의 모든 메시지가 응축되어 있었습니다. 그녀와 대화를 나누며 저는 그동안 제가 '이타심'이라는 명목하에 얼마나 자신을 방치해왔는지 뼈아프게 깨달았습니다.

과거의 저는 무대 위의 사람들을 빛내기 위해 밤을 새우고 내 몸을 깎아 먹으며 일하는 것을 당연하게 여겼습니다. 특히 방송 출연 이후, '좋은 마음으로 그냥 도와달라'는 요청이 쇄도했습니다. 처음엔 사명감으로 무료 컨설팅을 시작했지만, 시간이 흐를수록 부작용이 나타났습니다. 감사가 돌아와야 할 자리가 당연한 권리로 바뀌었고, 제가 한계에 부딪혀 거절을 선언하자 사람들은 비난을 쏟아냈습니다. '변했다',

'자기만 생각한다'라는 날 선 말들이 돌아왔죠.

하지만 그 따가운 시선을 견디며 거절의 선을 긋고 나자, 오히려 진짜 제가 해야 할 일이 보이기 시작했습니다. 나의 가치를 스스로 존중하고 정당한 대가와 존중을 기반으로 일할 때, 저는 비로소 진심으로 도움이 필요한 곳에 더 깊은 에너지를 쏟을 수 있었습니다. 나를 먼저 이롭게 하는 것이 결코 이기적인 행동이 아님을, 오히려 더 질 높은 도움을 주려는 전문가의 책임감임을 곽정은 작가의 삶과 문장을 통해 배웠습니다. 이 책을 읽는 독자 여러분께서도 그녀의 강연과 책을 꼭 접해보시길 권합니다. 그 안에 담긴 자기애와 타인에 대한 연민의 균형이 여러분의 조력자로서의 인생을 완전히 바꿔놓을 것입니다.

[Skill]
지속 가능한 도움을 위한 '자리이타' 실천 기술

지혜로운 조력자는 나를 소모하지 않으면서도 상대에게 최상의 가치를 선물하는 법을 압니다.

(1) 전문가다운 '가치 경계' 설정하기

무료 봉사가 아닌 전문 서비스임을 명확히 하고, 정당한 대가 이상의 가치를 증명해야 합니다.

- **어떻게 할까요?**

"그냥 한번 봐주세요."라는 요청에 정중히 선을 그으세요. 월급이나 비용은 상호간의 책임감에 대한 약속입니다. 정당한 대가는 조력자에게 지속 가능한 에너지를 주고, 상대에게는 솔루션을 실행할 강력한 동기를 부여합니다.

• 그 속의 원리

경영학의 '가치 기반 가격 결정(Value-Based Pricing)' 원리입니다. 가격은 단순한 비용의 합계가 아니라 제공되는 가치의 크기를 상징합니다. 정당한 비용 지급이 일어날 때 상호 간의 심리적 계약은 더 단단해지며, 이는 결과물의 실행력을 높이는 핵심 장치가 됩니다.

(2) 상호 성장 포인트(Mutual Growth) 발견하기

누군가를 도울 때 "이 일을 통해 나는 무엇을 배우는가?"를 명확히 정의하세요.

• 어떻게 할까요?

프로젝트를 시작하기 전, 상대의 성공 외에 나에게 남을 '내적인 유익'을 하나 이상 적어보세요. 새로운 산업에 대한 이해, 특정 기술의 숙련, 혹은 정서적 보람 등 나에게 남는 이익이 선명할 때 도움의 과정은 즐거운 탐구가 됩니다.

• 그 속의 원리

심리학의 '상호성 원칙(Principle of Reciprocity)'입니다. 일방적인 시혜는 관계의 불균형을 낳지만, 서로가 얻는 것이 명확할 때 관계는 건강하게 지속됩니다. 내가 얻는 성장을 인지하는 것은 전문가의 번아웃을 막는 가장 강력한 심리적 방어기제입니다.

(3) 지혜로운 선별과 집중

나의 선의를 이용하려는 이들과 진심으로 도움이 필요한 이들을 구분할 수 있어야 합니다.

- **어떻게 할까요?**

  감사와 존중을 표현하는 상대에게 당신의 에너지를 80% 이상 집중하세요. 고집스럽게 자신의 이익만 챙기려는 이들을 과감히 거절하는 용기가 필요합니다. 거절을 통해 비워진 시간은 더 가치 있는 곳을 향한 투자가 됩니다.

- **그 속의 원리**

  '기회 비용(Opportunity Cost)'의 관점입니다. 잘못된 관계에 쏟는 에너지는 정말 도움이 필요한 이들에게 전달되어야 할 기회를 뺏는 것과 같습니다. 전략적 선별은 더 큰 사회적 가치를 만들기 위한 전문가의 윤리적 선택입니다.

[Self-Question]
───── 나를 깨우는 질문 ─────

• 나는 지금 남을 돕느라 나 자신을 무너뜨리고 있지는 않나요? 이 과정이 나에게 성장이 되고 있나요, 소모가 되고 있나요?

• 내가 제공하는 이 도움을 통해 나에게 돌아오는 내적인 이익이나 배움은 무엇인가요?

• 상대방이 나의 호의를 당연하게 여긴다면, 나는 그 관계를 과감히 조정할 용기를 가지고 있나요?

[Action Idea]
───── 나의 '도움 리스트' 점검하기 ─────

현재 당신이 대가 없이 혹은 무리해서 돕고 있는 일들의 리스트를 작성해 보세요. 그리고 각 항목 옆에 이 일을 통해 내가 얻는 유익(배움, 기쁨, 새로운 연결 등)을 하나씩 적어보세요. 만약 아무것도 적을 것이 없다면, 그 일은 지속 가능한 '자리이타'의 상태가 아닙니다. 이제 그 관계를 어떻게 조정할지 고민해 보시기 바랍니다.

이타적 성장은 혼자가 아닌 함께할 때 완성된다 : 가르치는 행위가 가져다주는 성장의 역설

사람을 집에 초대한다는 것은 참으로 손이 많이 가는 일입니다. 구석구석 먼지를 닦아내고 정성스레 음식을 준비하는 과정은 고되지만, 손님이 다녀간 뒤의 집은 평소보다 훨씬 깨끗하고 정갈해져 있습니다. 손님이 온다는 계기가 없었다면 절대 하지 않았을 대청소인데, 타인을 환대하려는 마음 덕분에 이루어진 결과입니다. 우리의 성장도 이와 같습니다. 우리는 타인과의 관계 속에서 살아가며 누군가에게 좋은 사람으로 인정받고 싶은 욕구를 동력 삼아 자신을 가꾸어 나갑니다. 소속과 인정이 결국 자아실현의 징검다리가 되듯 우리의 성장은 타인이라는 거울이 있을 때 비로소 선명해집니다.

특히 전문가로서 가장 비약적인 성장을 경험하는 순간은 내가 가진 것을 누군가에게 가르쳐야 하는 상황에 놓일 때입니다. 18년 넘게 강의를 반복하다 보면 때로 정체되어 있다는 불안함이 찾아오기도 합니다.

그때 저를 다시 일으켜 세운 것은 휴식이 아니라, 누군가에게 도움을 주기 위해 낯선 지식을 치열하게 정리하는 과정이었습니다. 상대에게 진짜 도움이 될 내용을 준비하며 겪는 스트레스는 역설적으로 저를 가장 깊게 공부하게 만들고, 그들과 나눈 토론은 제가 보지 못했던 지식의 빈틈을 메워줍니다. 결국 성장은 혼자 도를 닦는 것이 아니라, 함께 부딪히며 완성하는 합주와 같습니다.

[Case]
노하우를 나누었더니 찾아온 '대체 불가능한' 기회들

오랜 시간 제가 파트너로 일해온 기업의 경영 철학(Code of Conduct)을 우리 직원들과 동료 강사들에게 교육하기로 마음먹었을 때, 주변에서는 우려 섞인 시선도 있었습니다. 특히 동료 강사들에게 저만의 독점적인 노하우를 나누어주는 것은 비즈니스적 경쟁력을 스스로 포기하는 것처럼 보였기 때문입니다. 하지만 저는 우리 팀 전체가 클라이언트와 같은 주파수를 가질 때 더 큰 시너지가 날 것이라 확신했습니다.

준비 과정은 고난도였습니다. 십수 년간 현장에서 몸소 익힌 암묵지를 논리적인 강의안으로 바꾸려니 평소보다 몇 배의 공부가 필요했습니다. 하지만 마법 같은 순간은 교육 현장에서 일어났습니다. 제가 정리한 내용을 나눌 때 동료 강사들과 직원들은 제가 보지 못했던 새로운 관점들을 쏟아냈습니다. 그들의 질문에 답하며 제 지식은 더욱 입체적으로 변했고, 무엇보다 동료들의 강의 질이 비약적으로 향상되면서 우리 팀은 해당 기업의 철학에 완벽하게 동기화된 전문가 그룹으로 거듭났습니다.

진짜 결실은 얼마 후 찾아왔습니다. 클라이언트사에서 대규모 프로젝트를 위해 여러 개의 분반 수업을 동시에 운영해야 하는 상황이 발생한 것입니다. 높은 수준의 콘텐츠를 소화할 수 있는 다수의 강사가 한꺼번에 필요했는데, 이미 교육을 통해 준비된 우리 강사진이 있었기에 그 거대한 기회를 오롯이 우리 팀이 맡게 되었습니다. 시간이 촉박한 고난도의 프로젝트였음에도 미리 준비된 시스템 덕분에 완벽하게 완수할 수 있었고, 저 역시 단순히 '강사 한 명'이 아닌 '대체 불가능한 솔루션 파트너'로서의 이미지를 굳히게 되었습니다. 나를 넘어 우리를 키우겠다는 이타적 결심이 결국 저와 조직 모두를 전문가의 정점으로 이끈 것입니다.

[Skill]
함께 성장하기 위한 아웃풋 학습 기술

최고의 학습은 배운 것을 남에게 전달하는 과정에서 완성됩니다.

(1) '가르치는 상황'을 의도적으로 설계하기

지식을 소유하는 것에 머물지 말고, 그것을 설명하고 나누는 자리를 만드세요.

- **어떻게 할까요?**

  새로운 것을 배웠다면 72시간 이내에 동료나 후배에게 15분이라
  도 공유하는 세션을 가지세요. 가르치기 위해 지식을 재구조화하
  는 과정에서 당신의 머릿속에는 가장 강력한 지식 지도가 그려집
  니다.

- **그 속의 원리**

  교육 심리학의 '보호자 효과(Protege Effect)'입니다. 사람은 자신이
  직접 학습할 때보다 타인을 가르쳐야 한다고 느낄 때 훨씬 더 높은
  집중력을 발휘하며, 정보를 더 체계적으로 조직화하고 장기 기억
  으로 전환하는 경향이 있습니다.

(2) 수평적 피드백을 통한 지식의 입체화

가르치는 자의 권위를 내려놓고, 학습자의 관점을 수용하여 지식의 빈
틈을 메워야 합니다.

- **어떻게 할까요?**

  "나는 이렇게 이해했는데, 현장에서는 어떻게 느껴지나요?"라고
  끊임없이 질문하세요. 후배들의 낯선 시선과 질문은 당신이 타성
  에 빠져 보지 못했던 지식의 사각지대를 발견하게 해주는 가장 고
  마운 거울이 됩니다.

- 그 속의 원리

'메타인지(Metacognition)'의 강화입니다. 누군가에게 설명하고 질문 받는 과정은 내가 '아는 것'과 '모르는 것'을 명확히 구분하게 해줍니다. 이 피드백 루프를 통해 지식은 단순한 정보에서 살아있는 지혜로 진화합니다.

(3) 생태계 구축을 통한 영향력의 확장

나의 노하우를 나누는 것을 '손해'가 아닌 '확장'으로 정의하세요.

- 어떻게 할까요?

나와 같은 수준의 결과물을 낼 수 있는 사람들을 적극적으로 키우세요. 나의 복제본이 많아질수록 더 고차원적인 설계에 집중할 수 있는 자유를 얻게 되며, 조직은 더 큰 규모의 프로젝트를 수행할 수 있는 체력을 갖게 됩니다.

- 그 속의 원리

'네트워크 효과(Network Effect)'입니다. 지식과 가치는 독점할 때보다 공유되어 연결될 때 기하급수적으로 커집니다. 내부 전문가 및 동료를 키우는 것은 단순히 일을 덜어주는 것이 아니라, 당신을 중심으로 한 전문가 생태계를 구축하여 대체 불가능한 브랜드 파워를 만드는 전략입니다.

이타적 성장

- 지금 나 혼자 잘하기 위해 공부하고 있나요, 아니면 남을 더 잘 돕기 위해 공부하고 있나요?

- 최근 내가 배운 지식을 누군가에게 설명하며 그 가치를 검증받고 확장한 경험이 있나요?

- 동료나 후배들이 성장했을 때 나는 위협을 느끼나요, 아니면 새로운 기회에 설레나요?

이번 주, 동료나 후배에게 "내가 최근에 배운 흥미로운 내용이 있는데, 15분만 시간을 내주면 공유해 봐도 될까?"라고 제안해 보세요. 당신의 나눔 덕분에 그들의 하루가 풍성해지는 것은 물론, 그 짧은 시간 동안 당신의 지식은 비로소 완벽한 당신의 것이 될 것입니다.

㊶

지식의 나눔이 가져다주는 예상치 못한 기회들 :
선의로 건넨 한 마디가 비즈니스가 될 때

가끔 드라마를 보면 길에서 우연히 도와준 어르신이 알고 보니 굴지의 기업 회장님이었다는 식의 반전 드라마를 보게 됩니다. 이런 이야기들이 주는 교훈은 명확합니다. 우리의 행동은 언제나 누군가에게 영향을 미치고 있으며, 세상은 생각보다 좁아서 예상치 못한 지점에서 재회가 일어난다는 것입니다.

지식을 나눈다는 것은 단순히 정보를 전달하는 행위를 넘어 나의 태도와 전문성의 깊이를 상대에게 증명하는 과정입니다. 특히 강의가 끝난 뒤 찾아오는 청중의 질문에 어떻게 응대하느냐는 전문가의 진짜 품격을 결정합니다. 질문자가 누구인지 계산하지 않고 내가 아는 최선의 답을 드리는 태도는 상대에게 강력한 인상을 남깁니다. 그 정직함과 성실함이 오히려 당신의 전문성에 대한 더 깊은 신뢰를 만들어내기 때문입니다.

[Case]
에너지가 방전된 'I(내향인)'의 진심이 연 문

저는 앞서도 언급했듯이 MBTI 성향 중 외향과 내향을 나누는 지표에서 높은 수치로 'I'를 기록하는 사람입니다. 강의장에서는 모든 에너지를 쏟아내지만, 강의가 끝나는 순간 사실 누구보다 빨리 사람이 없는 곳으로 숨어 들어가 쉬고 싶은 마음이 간절합니다. 특히 '5가지 사랑의 언어'처럼 청중의 마음 깊숙한 곳을 건드리는 강의를 하고 나면, 감정적 소모가 커서 평소보다 훨씬 더 심한 피로감을 느낍니다.

그날도 모든 에너지를 쏟아붓고 녹초가 된 상태였습니다. 짐을 챙겨 서둘러 나가려는데, 한 중년 부부가 조심스럽게 다가오셨습니다. 제 전공이 아닌 부부 상담을 요청하셨기에 정중히 거절하려던 찰나, 남편분이 리더십과 관련된 질문을 덧붙이셨습니다. 쉬고 싶은 마음이 굴뚝같았지만, 질문을 던지는 그분의 눈빛이 너무나 진지하고 절실해 보였습니다. 저는 다시 가방을 내려놓고 제가 아는 범위 내에서 최선을 다해 답해드렸습니다. 마침 관련 자료가 있어 연락처를 받아 공유해 드렸고, 이후 그분이 추천 도서를 읽다 궁금한 점을 물어오셨을 때도 흔쾌히 보충 자료를 만들어 보내드렸습니다. 그저 '참 열심히 공부하시는 부장님 쯤 되시나 보다'라고 생각하며 베푼 순수한 나눔이었습니다.

그로부터 얼마 후, 한 기업으로부터 조직문화 컨설팅 제안이 왔습니다. 설레는 마음으로 방문한 대표이사실에서 저는 소스라치게 놀라고 말았습니다. 책상 뒤에 앉아 계신 분이 바로 강의장에서 만났던 그 '열공하던 부장님'이었기 때문입니다. 대표님은 환하게 웃으며 말씀하셨습니다. "강사님이 그때 보여주신 성실함과 전문적인 태도에 깊은 인상을 받았습니다. 이 사람이라면 우리 회사를 진심으로 도와주겠구나 싶어 연락드렸습니다."

그렇게 시작된 인연으로 2년간 조직 컨설팅을 진행했습니다. 저는 그곳에 '서로서로 선생님이 되는 문화'를 심었고, 조직은 수많은 혁신 아이디어와 특허라는 경이로운 성과를 거두었습니다. 에너지가 방전된 순간에도 타인의 절실함을 외면하지 않았던 한마디의 선의가 거대한 비즈니스의 문을 여는 열쇠가 된 것입니다.

[Skill]
기회를 부르는 지식 나눔의 원칙

전문가에게 지식은 나눌수록 줄어드는 자산이 아니라, 나눌수록 더 큰 신뢰로 돌아오는 투자입니다.

(1) 대상을 가리지 않는 '의지적인 최선'

질문자가 누구든, 당장의 보상이 있든 없든 내가 아는 최선의 답을 제공해야 합니다.

- **어떻게 할까요?**

에너지가 고갈되었더라도 질문자의 눈빛에서 절실함을 발견했다면 잠시 멈춰 서세요. 당신의 피곤함을 누르고 건넨 그 한마디는 상대에게 가장 강력한 브랜드 이미지로 각인됩니다.

- 그 속의 원리

심리학의 '초두 효과(Primacy Effect)'와 '최신 효과(Recency Effect)'가 동시에 작동합니다. 첫인상도 중요하지만, 마지막 대화에서 보여준 진심 어린 태도는 전문가에 대한 전체적인 평가를 결정짓는 핵심적인 기억(Peak-End Rule)으로 남습니다.

(2) 지적 정직함(Intellectual Honesty)을 통한 신뢰 구축

모든 것을 다 안다고 말할 필요는 없습니다. 모르는 부분은 정직하게 인정하는 것이 더 큰 신뢰를 줍니다.

- 어떻게 할까요?

모르는 질문을 받았을 때 둘러대기보다 "그 부분은 제 전문 분야가 아니라 지금 확답을 드리기 어렵습니다. 알아보고 연락처로 답변드려도 될까요?"라고 말하세요.

- 그 속의 원리

'취약성의 힘(Power of Vulnerability)'입니다. 자신의 한계를 솔직하게 인정하는 전문가는 역설적으로 더 정직하고 믿음직한 사람이라는 인상을 줍니다. 완벽해 보이려 애쓰는 사람보다, 정직하게 답을 찾아가는 사람에게 상대는 더 큰 신뢰를 보냅니다.

(3) 지식 자산의 아낌없는 공유

말로만 설명하기보다 관련 자료나 링크를 기꺼이 공유하여 도움의 실체를 보여주세요.

- **어떻게 할까요?**

  대화 중에 언급한 책 제목이나 아티클 링크를 미팅 후 메시지로 다시 한번 보내주세요. "아까 말씀하신 부분에 도움이 될 것 같아 찾아보았습니다."라는 짧은 코멘트와 함께 전달되는 자료는 당신이 자리를 떠난 뒤에도 당신의 전문성을 증명하는 메신저가 됩니다.

- **그 속의 원리**

  '단순 노출 효과(Mere Exposure Effect)'의 확장판입니다. 당신이 보내준 자료를 상대방이 열어보는 시간 동안, 상대의 뇌는 당신과의 긍정적인 경험을 다시 한번 복기하게 됩니다. 이는 단순한 정보를 넘어 당신이라는 브랜드를 각인시키는 고도의 마케팅 전략입니다.

[Self-Question]
──── 나를 깨우는 질문 ────

- 나는 지금 나에게 이득이 될 사람에게만 친절한가요, 아니면 배움을 갈구하는 모두에게 동일한 정성을 쏟고 있나요?

- 모르는 질문을 받았을 때, 당황하며 둘러대기보다 정직하게 인정하고 더 좋은 대안을 찾으려 노력하나요?

[Action Idea]
──── 보너스 지식을 하나 선물하기 ────

이번 주 미팅이나 대화가 끝난 뒤, 상대방의 고민과 관련된 좋은 아티클이나 책 제목을 하나 적어서 보내보세요. "아까 대화 나누었던 부분에 도움이 될 것 같아 찾아보았습니다."라는 짧은 메시지가 당신을 '잊을 수 없는 전문가'로 만들어줄 것입니다.

나를 넘어 우리로 확장되는 안전한 실험실 :
이타적 성장을 가속하는 커뮤니티 설계

직장 생활을 하다 보면 반면교사 삼고 싶은 이들을 만나곤 합니다. '나는 절대 저렇게 되지 말아야지'라고 다짐하지만, 안타깝게도 시간이 흐르면 나도 모르게 그 싫어했던 모습을 닮아가는 자신을 발견할 때가 있습니다. 환경의 힘은 생각보다 강력해서 고립된 상태로 같은 시스템 안에 머물다 보면 우리도 모르게 그 결을 따라가기 때문입니다. 개인의 의지만으로는 한계가 있습니다. 나를 정직하게 돌아보고 새로운 시도를 멈추지 않으려면, 이타적 가치를 공유하며 서로의 성장을 돕는 '안전한 실험실'이 필요합니다.

제가 운영하는 '그로우니티 랩(Growunity Lab)'은 바로 이러한 고민에서 시작된 이타적 성장의 요람입니다. 성장을 꿈꾸는 사람들(Grow)이 모여 연대(Community)하고, 새로운 기회(Opportunity)를 발견하는 실험실(Lab)이라는 의미를 담았습니다. 여기에 조력자인 저의 정체성을 연결한 것은,

한 사람의 철학이 공간 전체에 안전한 공기를 불어 넣을 때 비로소 타인을 향한 진정한 연대가 시작된다고 믿기 때문입니다. 조직 내외에 목적에 맞게 형성된 커뮤니티는 구성원들이 서로에게 스승이 되어주는 이타적 선순환이 일어나도록 정교하게 설계된 성장의 시스템이어야 합니다.

[Case]
차가운 종교적 관성을 깨고 따뜻한 연대의 숲을 만드는 설계

저는 기독교적 가치관이 깊게 뿌리내린 환경에서 자랐고, 미션스쿨을 다니며 형성된 신앙생활의 원칙들이 지금의 일을 하는 데 큰 자양분이 되었습니다. 하지만 솔직히 고백하자면, 저에게도 '교회'라는 공간이 항상 편안하고 따뜻하지만은 않았습니다. 때로는 정죄가 앞서고 때로는 관성에 젖은 듯한 느낌을 받을 때도 있었죠. 저는 소중한 가치를 품은 이 공간이 사람들에게 더 따뜻하고 행복한 안식처가 되길 바랐습니다.

이러한 갈망은 기독교 콘텐츠 플랫폼인 '라잇나우미디어'의 콘텐츠 연구소장이라는 역할로 저를 이끌었습니다. 좋은 미디어 콘텐츠를 통해 사람들이 신앙과 삶을 동시에 성장시키고, 그 선한 영향력으로 세상을 밝히는 '진짜 도움'이 되는 사람들을 키워내고 싶었기 때문입니다. 저는 이곳에서 교회 내 소그룹이 제대로 작동할 수 있도록 운영 프로세스와 매뉴얼을 만들고, 목사님들과 리더들을 교육하고 있습니다.

라잇나우미디어와 함께 소그룹 퍼실리테이션 과정을 기획하며 제가 가장 고심한 것은 '어떻게 하면 참가자들이 서로를 경쟁자가 아닌 동역자로 느끼게 할 것인가'였습니다. 이를 위해 저는 이타적 성장의 세 가지 단계(성찰-나눔-실천)를 설계도에 넣었습니다. 그리고 이 대화의 공기를 지키기 위해 '모든 사람의 발언권 보장', '존재 그대로의 존중', '철저한 비밀 유지' 등 5가지 그라운드 룰(Ground Rule)을 강력하게 선포했습니다.

운영자가 이 규칙을 명확히 정의하고 예외를 타협하지 않을 때, 사람들은 비로소 방어 기제를 내려놓고 자신의 취약성을 드러냅니다. 나를 숨기지 않아도 되는 안전한 공간이 확보되자, 서로서로 돕는 이타적 에너지는 폭발적으로 확장되었습니다.

[Skill]
이타적 연대를 가속하는 커뮤니티 설계 기술

기업 안팎의 커뮤니티는 단순히 모이는 곳이 아니라, 변화를 실험해도 안전하다는 확신을 주는 곳이어야 합니다.

(1) 가치 기반의 '3단계 행동 철학' 수립하기

커뮤니티의 목적을 단순한 지식 습득이 아닌, 구체적인 행동 지침으로 정의하세요.

- 어떻게 할까요?

콘텐츠를 자신의 삶에 비추어 보는 '성찰', 이를 타인과 거울처럼 비추는 '나눔', 그리고 세상 속에서 선한 영향력으로 바꾸는 '실천'의 흐름을 설계하세요. 목적이 선명할 때 성장의 속도는 가속화됩니다.

- **그 속의 원리**

  사회심리학의 '사회 정체성 이론(Social Identity Theory)'입니다. 구성원들이 공유된 가치와 목표를 자신의 정체성으로 받아들일 때, 집단 내 협력은 극대화되며 개인은 집단의 성취를 자신의 성장으로 인식하게 됩니다.

(2) 심리적 방벽으로서의 '그라운드 룰' 선포하기

규칙은 협의의 대상이 아니라, 리더가 지켜내야 할 핵심 가치의 선언이어야 합니다.

- **어떻게 할까요?**

  무례함이나 의도의 왜곡으로부터 구성원을 보호하는 명확한 규칙을 세우세요. 규칙은 참여자를 통제하는 수단이 아니라, 이타적 대화가 훼손되지 않도록 보호하는 성벽입니다. 이 성벽이 튼튼할 때 비로소 구성원들은 자신의 취약함을 드러낼 용기를 얻습니다.

- **그 속의 원리**

  에이미 에드먼슨의 '심리적 안전감(Psychological Safety)' 원리입니다.

실수를 하거나 약점을 드러내도 비난받지 않을 것이라는 확신이 들 때, 인간은 가장 창의적이고 주도적인 학습 상태가 됩니다. 규칙은 이 안전감을 물리적으로 구현하는 장치입니다.

(3) 공유와 비밀의 균형(Safe Sharing) 시스템

내부에서는 모든 것을 나누되, 외부로는 허가받지 않은 이야기를 내보내지 않는 선을 그어야 합니다.

- **어떻게 할까요?**

"여기서 나눈 이야기는 이곳에 두고 간다."라는 비밀 보장의 원칙을 제안하세요. 이 경계가 확실할 때만 진정성 있는 피드백과 깊은 성찰이 일어납니다. 비밀이 지켜지는 안전한 실험실에서만 진짜 변화의 시도가 일어납니다.

- **어떻게 할까요?**

상담 심리학의 '비밀 유지의 원칙(Confidentiality)'입니다. 신뢰는 정보의 통제권이 자신에게 있다는 확신에서 나옵니다. 외부로 발설되지 않는다는 약속은 구성원 간의 정서적 유대를 단단하게 만들고, 커뮤니티를 세상과 구분된 '특별한 성장의 공간'으로 인식하게 합니다.

- 내가 지금 소속된 조직은 나의 이타적 성장을 가속하고 있나요, 아니면 관성 속에 정체시키고 있나요?

- 우리 조직에는 구성원들이 각자의 취약성을 드러내도 비난받지 않을 '안전한 성벽'이 존재하나요?

- 나는 동료들을 나보다 앞서가야 할 경쟁자로 보나요, 함께 성장해야 할 소중한 동역자로 보나요?

[Action Idea]
———— 나만의 '안전한 대화 약속' 제안하기 ————

오늘 당신이 참여하는 회의나 모임이 있다면 시작 전 이렇게 제안해 보세요. "오늘은 서로의 의견을 평가하기보다 각자의 생각을 끝까지 경청하고 여기서 나눈 고민은 우리끼리만 공유하는 안전한 시간을 가져보면 어떨까요?" 이 작은 제안 하나가 그 공간을 성장을 위한 뜨거운 실험실로 바꿔놓을 것입니다.

43

전문성을 사회적 가치로 환원하는 프로보노(Pro Bono) 활동 : 이벤트가 아닌 시스템을 선물하라

최근 한 법정 드라마를 보다 깜짝 놀란 적이 있습니다. 극 중 주인공과 대립하는 아주 얄밉고 비열한 변호사의 이름이 저와 똑같은 '우명훈'이 었기 때문입니다. 동명이인 악역의 등장에 당황스럽기도 했지만, 그 드라마가 다루는 프로보노(Pro Bono)라는 주제만큼은 깊이 와닿았습니다. 프로보노란, 전문가가 자신의 전문성을 대가 없이 사회적 약자나 공익 활동에 기여하는 것을 의미합니다. 드라마 속 우명훈 변호사는 비록 얄미운 캐릭터였지만, 덕분에 저는 '진짜 우명훈'이 추구해야 할 프로보노의 가치가 무엇인지 다시금 고민하게 되었습니다.

우리가 전문성을 통해 수익을 창출하는 것도 중요하지만, 그 힘으로 사회의 문제를 해결하려는 의지를 갖는 것은 삶을 훨씬 풍성하게 만듭니다. 이것은 타의에 의해 끌려가는 봉사가 아닙니다. 전문가로서 나의 최선을 다해 사회의 빈틈을 채우고, 그 과정에서 삶의 의미를 찾는 자발적이고 위대한 투쟁입니다. 진정한 프로보노 활동은 일회성 이벤트로 끝나선 안 됩니다. 내가 없어도 그 기관이나 개인이 스스로 설 수 있도록 시스템을 구축해 주고 인적 자원을 양성하는 데까지 나아가야 합니다. 전문가의 친절이 일시적인 위로를 넘어 지속 가능한 변화로 이어질 때, 우리 사회는 비로소 한 단계 더 성장할 수 있습니다.

[Case]
국제구조위원회(IRC)와 꿈드림 센터에서 실천한 '시스템의 나눔'

어린 시절 제가 받았던 수많은 도움을 세상에 돌려준다는 부채 의식과 감사의 마음으로 다양한 프로보노 활동을 이어오고 있습니다. 대표적으로 세계적인 인도주의 기구인 국제구조위원회(IRC)와 함께 후원자의 밤 행사를 기획하고 운영했던 경험이 있습니다. 저는 이 행사를 준비하며 한 가지 원칙을 세웠습니다. '돈을 받고 하는 프로젝트보다 더 완벽하게 임하자'라는 것이었습니다. 전문가가 가진 역량을 가장 날카롭게 다듬어 제공했을 때, 그 기구가 가진 숭고한 가치가 후원자들에게 더 품격 있게 전달될 수 있기 때문입니다. 제가 설계한 정교한 행사 프로세스와 커뮤니케이션 전략은 단순히 하룻밤의 행사를 넘어 기구의 대외적 신뢰도를 높이는 성장의 모델이 되었습니다.

또한 경기도의 꿈드림 센터에서 학교 밖 청소년들을 지원하는 선생님들을 대상으로 강의와 컨설팅을 진행할 때도 '시스템'에 집중했습니다. 처음에는 제가 직접 청소년들을 만나 생활 교육을 하고 프로그램을 운영했지만, 제가 현장을 떠난 뒤에도 아이들이 지속적인 도움을 받으려면 결국 내부의 선생님들이 전문가가 되어야 한다는 판단이 들었습니다. 그래서 저는 다음과 같은 '6단계 전수 프로세스'를 통해 선생님들의 마음을 얻고 그들을 강사로 세우는 시스템을 만들었습니다.

- 1단계 동기화(Motivation) : 새로운 사람을 선발하는 것이 아니라, 이미 현장에 계신 선생님들과 대화하며 이 교육이 왜 필요한지, 아이들의 변화를 위해 왜 우리가 직접 나서야 하는지 그 필요성에 깊이 공감하는 시간을 가졌습니다.
- 2단계 시연(Demonstration) : 공감대가 형성된 후, 제가 설계한 표준 교육 모델을 선생님들 앞에서 직접 시연하며 작동 원리와 효과를 증명해 보였습니다.
- 3단계 동행(I-Lead) : 제가 강의를 주도하고 선생님들은 보조 역할을 수행하며, 이론이 아닌 현장의 공기를 몸소 익히게 했습니다.
- 4단계 전환(You-Lead) : 선생님이 강의를 주도하고 저는 뒤에서 관찰자가 되어, 끝난 후 아주 세밀하고 따뜻한 피드백을 전달하며 용기를 북돋았습니다.
- 5단계 독립(Independence) : 선생님이 단독으로 프로그램을 운영하게 하고, 저는 모니터링만 수행하며 그들이 '자기 효능감'을 완전히 가질

수 있게 도왔습니다.

- 6단계 확산(Multiplication) : 마침내 그 선생님이 다른 동료 교사들을 가르치는 마스터가 되도록 시스템을 안착시켰습니다.

처음에는 "현업도 바쁜데 우리가 어떻게 강의를 해요?"라며 부담스러워하던 분들이 마음을 여는 1단계를 거쳐 6단계 시스템에 몸을 싣자 당당한 내부 전문가로 거듭났습니다. 이제 저는 그곳에 없지만, 그들은 스스로 새로운 매뉴얼을 만들고 또 다른 교육자를 키워내고 있습니다. 전문가의 가장 고차원적인 프로보노는 고기를 잡아주는 것이 아니라, 그물을 짜는 법을 가르쳐 더 이상 내가 필요 없게 만드는 '자생력'을 선물하는 것입니다.

[Skill]
사회적 가치 확산을 위한 전문가의 설계 기술

지속 가능한 프로보노는 전문가의 선의가 정교한 전수 시스템과 만날 때 강력한 힘을 발휘합니다.

(1) 자생력을 선물하는 '6단계 전수 프로세스'

- 1단계 [동기화] : 대상자가 이미 맡고 있는 역할의 중요성을 상기시키고, 새로운 시스템 도입의 필요성에 마음으로 공감하게 만듭니다.

- 2단계 [시연] : 전문가가 표준 모델을 직접 수행하며 '되는 모델'임을 눈앞에서 증명합니다.

- 3단계 [동행] : 전문가 주도하에 대상자가 실전에 참여하며 감각을 익히게 합니다.

- 4단계 [전환] : 대상자가 주도하고 전문가는 서포터가 되어 성장을 위한 정교한 피드백을 제공합니다.

- 5단계 [독립] : 대상자가 단독으로 모든 과정을 수행하며 전문가로서의 정체성을 확립합니다.

- 6단계 [확산] : 대상자가 다시 새로운 사람을 교육하는 시스템을 구축하여 조직의 자생력을 완성합니다.

(2) '사회적 신호'로서의 압도적 퀄리티 구현

프로보노는 '남는 시간'에 하는 봉사가 아니라, 전문가의 '영혼'을 담는 활동이어야 합니다.

• **어떻게 할까요?**

유료 프로젝트 이상의 엄격한 기준을 적용하세요. 전문가가 공익 활동에 최상의 전문성을 발휘할 때, 그 활동이 다루는 사회적 가치의 무게감이 세상에 더 깊이 전달됩니다. 당신의 완벽함은 상대 기관 구성원들에게 '우리의 일이 이토록 귀한 것이구나'라는 자부심을 심어주는 가장 강력한 메시지가 됩니다.

- 그 속의 원리

'신호 이론(Signaling Theory)'입니다. 전문가가 투입하는 높은 퀄리티의 에너지는 그 프로젝트의 중요성을 상징하는 강력한 신호가 됩니다. 이는 구성원들의 몰입을 끌어내고 외부의 지지를 확보하는 가장 강력한 무형의 자산이 됩니다.

─── 나를 깨우는 질문 ───

- 나의 전문성은 지금 수익 창출을 넘어 사회적 문제를 해결하는 '선한 도구'로 쓰이고 있나요?
- 내가 하고 있는 공익 활동은 일회성 이벤트인가요, 아니면 내가 떠난 후에도 지속될 시스템인가요?
- 나는 현장의 사람들에게 정답을 주는 사람인가요, 아니면 그들이 정답을 찾아가도록 동기를 부여하는 마스터인가요?

[Action Idea]
─── 나의 '전문성 기부처' 찾아보기 ───

오늘 당신이 가장 잘하는 일(전문성) 한 가지를 종이에 적어보세요. 그리고 그 재능이 절실히 필요한 비영리 단체를 찾아보세요. 그들에게 먼저 연락하여 "여러분의 가치 있는 일이 더 지속 가능하도록, 제가 가진 전문성으로 시스템을 만드는 데 기여하고 싶습니다."라고 제안해 보시기 바랍니다.

이타적 성장

돕는 자들의 플랫폼을 만드는 기술 :
어벤져스를 원팀으로 만드는 조율의 미학

어떤 모임에 가면 대화가 물 흐르듯 유연하고 서로의 이야기에 귀 기울이는 따뜻한 공기가 느껴집니다. 반면, 어떤 모임은 각자 자기 말만 하기 바빠서 공허한 목소리만 떠도는 불편한 느낌을 줍니다. 이 차이는 바로 조율자의 유무에 있습니다. 아무리 선한 의도를 가진 조력자들이 모였더라도, 그 에너지를 하나로 묶고 정리해 주는 조율자가 없다면 그 연대는 모래성처럼 쉽게 무너지고 맙니다.

심리학자 로버트 윈치(Robert Winch)의 이론에 따르면, 많은 사람이 자신과 반대되는 성향의 파트너에게 강렬한 인상을 받습니다. 서로의 부족함을 채울 수 있다는 무의식적 기대 때문이죠. 조직도 마찬가지입니다. 서로 다른 강점이 있는 이들이 모여야 시너지가 나지만, 동시에 그 다름은 가장 큰 갈등의 씨앗이 되기도 합니다. 여기서 중요한 것은 성향 그 자체보다 성숙도입니다. 자신의 다름을 인정하고 타인의 강점을 수

용할 줄 아는 성숙한 조력자들이 모여야 비로소 진정한 의미의 플랫폼
이 형성됩니다.

[Case]
각자도생의 어벤져스를 혁신 팀으로 바꾼 '멈춤'과 '정렬'의 미학

한번은 각 분야의 최고 고수들이 모인 이른바 '어벤져스 TF'의 팀빌딩
을 의뢰받은 적이 있습니다. 구성원 개개인의 역량은 화려했지만, 프로
젝트 시작 일주일 만에 갈등이 폭발했습니다. 각자 다른 부서에서 모
인 탓에 서로에 대한 선입견과 불만이 가득했고, 동료를 협력자가 아닌
이겨야 할 경쟁자로 여기고 있었기 때문입니다. 특히 이들은 인공지능
도구들을 능숙하게 다뤘는데, 각자 도구와 소통하며 정보를 독점하는
'사일로 현상(Silo Effect)'이 극심해지면서 팀의 연결은 완전히 끊어져 있
었습니다.

저는 즉시 하던 일을 잠시 멈추게 했습니다. 그리고 우리가 왜 이곳
에 모였는지, 우리가 하는 일의 본질이 무엇인지에 대해 다시 정의하는
시간을 가졌습니다. 단순히 성과를 내는 것이 목적이 아니라, 이 프로젝
트가 우리 삶과 조직에 어떤 가치를 주는지에 대한 공감대를 형성하는
데 집중했습니다. 방향성에 대한 동의가 이루어지자, 비로소 각자의 장
점을 기반으로 한 협업 방안들이 보이기 시작했습니다.

우리는 두 가지 강력한 그라운드 룰을 세웠습니다. 첫째는 '정보의

투명한 공유'였고, 둘째는 '자유롭지만 존중이 담긴 피드백'이었습니다. 처음에는 서로의 패를 보여주는 것을 어색해했지만, 정보가 공유되고 기술적 노하우가 섞이자 폭발적인 학습과 성과가 나타나기 시작했습니다. 이 과정에서 저는 내부 프로젝트 매니저(PM)가 이 조율의 역할을 스스로 수행할 수 있도록 밀착 코칭하며 성장을 지원했습니다. 여러 번의 위기가 있었지만, 공유와 존중의 시스템이 안착하자 팀은 스스로 위기를 극복해 나갔습니다. 8주 뒤, 그들은 서로의 전문성을 기꺼이 나누며 최단 시간 내 최대 성과를 내는 가장 혁신적인 원팀으로 거듭났습니다.

[Skill]
연대를 강화하는 플랫폼 조율 기술

훌륭한 개인이 모여 압도적인 성과를 내려면, 방향을 정렬하고 그 안에서 존중의 시스템을 작동시켜야 합니다.

(1) 비전 얼라인먼트(Vision Alignment)를 통한 목적 공유
단기적 과제가 아닌, 우리를 하나로 묶어줄 더 큰 관점의 목적지를 공유하세요.

- 어떻게 할까요?

"우리가 이 일을 왜 하는가?"라는 근원적인 질문에서 시작하세요. 각자의 지엽적인 이해관계를 넘어 조직과 사회에 기여하는 '거대

담론'을 공동의 목표로 설정할 때, 개인의 이기심은 연대를 위한 강력한 에너지로 전환됩니다.

• 그 속의 원리

인지 심리학의 '상위 목표 효과(Superordinate Goals Effect)'입니다. 집단 간의 갈등이 있을 때, 어느 한쪽의 힘만으로는 달성할 수 없는 거대하고 매력적인 목표를 제시하면 서로 적대적이었던 개인들이 협력의 관계로 급격히 전환되는 심리적 작동 원리를 활용하는 것입니다.

(2) 정보 독점 파괴와 '존중의 피드백' 시스템 구축

정보가 고립되지 않도록 기술적·문화적 공유 플랫폼을 설계하고, 그 위에서 자유롭게 소통하게 하세요.

• 어떻게 할까요?

인공지능 도구 활용 노하우나 실시간 데이터를 투명하게 공유하는 시스템을 만드세요. 또한 '정보 공유'와 '존중의 피드백'을 그라운드 룰로 선언하고 엄격히 관리해야 합니다. 내 정보가 우리의 지능이 되는 경험을 맛보는 순간, 정보 독점은 무너집니다.

• 그 속의 원리

하버드 경영대학원 교수 에이미 에드먼슨(Amy Edmondson)의 '심리적 안전감(Psychological Safety)'입니다. 자신의 정보나 실수를 공유해

도 비난받지 않고 오히려 집단의 자산이 된다는 믿음이 있을 때,
구성원들은 방어 기제를 내려놓고 폭발적인 학습과 협업을 시작
하게 됩니다.

- 나는 지금 동료를 함께 성장해야 할 '연대의 대상'으로 보나요, 아니면 내가 이겨야 할 '경쟁자'로 보나요?

- 내 정보와 노하우를 나만의 무기로 숨기려 하나요, 아니면 전체의 성장을 위해 기꺼이 공유하나요?

- 우리 팀에 갈등이 생겼을 때, 나는 내 논리만 주장하나요 아니면 전체의 목적을 위해 대화를 조율하려 노력하나요?

이번 주 회의나 모임에서 업무 이야기만 나누지 말고, 미팅 시작 전 이렇게 질문을 던져보세요. "우리 이 프로젝트가 3년 뒤 세상에 어떤 선한 영향을 미치고 있을까요?" 시야를 미래와 세상으로 확장하는 망원경의 관점을 갖는 것만으로도 눈앞의 작은 갈등은 사라지고 연대의 공기가 흐르기 시작할 것입니다.

디지털 시대의 연대, 시공간을 초월한 지식의 확장 :
도구가 아닌 '마음의 빈도'가 결정한다

코로나19가 우리 삶에 남긴 큰 변화 중 하나는 온라인 연결의 일상화입니다. 누군가를 돕기 위해 먼 길을 달려가 얼굴을 마주하는 현장성은 여전히 소중하지만, 디지털 도구는 그 물리적 거리를 뛰어넘어 관계의 빈도를 획기적으로 높여주는 힘이 있습니다. 리더십에서 신뢰를 쌓는 비결은 일 년에 한 번 나누는 깊은 대화(강도)보다, 짧더라도 자주 건네는 관심(빈도)에 있다고 합니다. 디지털은 바로 이 '자주 살피는 마음'을 실현할 수 있게 만드는 마법의 도구입니다.

많은 이들이 새로운 디지털 도구를 배우는 것에 두려움을 느끼지만, 사실 도구의 활용법보다 중요한 것은 그 도구를 다루는 전문가의 관점입니다. 내비게이션이 길을 찾아주는 데는 10초가 걸리지만, 실제로 그 길을 걸어가는 데는 10분 이상의 시간이 걸립니다. 도구의 기능을 안다고 해서 바로 전문가가 되는 것이 아니라, 한 걸음 한 걸음 직접 사용해 보며 나만의 노하우를 쌓아가는 '걷기의 시간'이 필요하기 때문입니다. 디지털 시대의 연대 역시 도구의 화려함이 아닌, 그 길을 포기하지 않고 함께 걸어가려는 전문가의 세심한 휴먼 터치(Human Touch)에서 완성됩니다.

[Case]
한계를 넘어 '새로운 세상'을 연 24시간 온라인 캠프의 기적

코로나19가 한창이던 시절입니다. 한 장학재단의 장학생들과 함께 3일간, 매일 8시간씩 총 24시간 동안 온라인 캠프를 진행하게 되었습니다. 처음에는 저 역시 회의적이었습니다. "온라인으로 스피치 코칭과 깊은 대화 및 토론이 가능할까?"라는 의구심에 갇혀 온라인이라서 '안 되는 이유'들만 나열하며 고민에 빠져 있었죠. 하지만 어느 순간 제 사고의 방향이 잘못되었음을 깨달았습니다.

과거에는 기술이 개발되면 그 기술에 맞춰 산업이 발전했지만, 이제는 '이상적인 목표를 설정하고 그 목표를 이루기 위해 기술을 가져다 쓰는 시대'라는 글귀가 떠올랐기 때문입니다. 저는 환경적 한계를 탓하는 대신 우리가 도달하고 싶은 '이상적 학습 목표'를 먼저 세우고 그 길을 찾기 위해 도구를 재조합하기 시작했습니다. 온라인에서도 오프라인 못지않게 몰입할 수 있는 게임과 상호작용 활동을 개발했고, 학생들이 서로의 눈을 맞추며 깊이 있게 대화할 수 있는 기술적 시스템을 구축했습니다.

작은 '좋아요' 이모티콘 하나로 주도성을 깨우고, 디지털 화이트보드에 실시간으로 서로의 성찰을 채워 넣는 과정에서 우리는 물리적 공간을 초월한 깊은 유대감을 경험했습니다. 3일간의 강행군 끝에 학생들의 만족도는 역대 최고치를 기록했고, 우리 팀 역시 온라인과 오프라인의 구분을 넘어 '진짜 우리가 원하는 목표'에 집중할 때 새로운 세상이 열린다는 것을 온몸으로 체험했습니다. 도구는 거들 뿐, 연대를 만드는 것은 결국 목표를 향한 전문가의 집요한 설계였습니다.

[Skill]
디지털 연대를 확장하는 '목적 지향형' 소통 기술

디지털 도구를 관계의 통로로 쓰기 위해서는 '기술적 숙련'보다 '정서적 연결'을 우선순위에 두어야 합니다.

(1) 이상적 목표에 기술을 맞추는 '역발상 설계'

도구의 기능에 갇히지 말고, 구현하고 싶은 가치를 먼저 정의한 뒤 도구를 선택하세요.

- **어떻게 할까요?**

  "이 프로그램의 본질이 '신뢰 구축'이라면, 어떤 디지털 도구가 사람들의 마음을 가장 따뜻하게 연결할 수 있을까?"를 질문하세요.

화려한 기능보다 참여자의 주도성을 깨우는 단순한 리액션 도구가 더 효과적일 때가 많습니다.

- 그 속의 원리

'기술 수용 모델(TAM)'과 '목적 기반 설계'의 결합입니다. 사용자가 도구를 '유용하고 편리하다'고 느끼게 만드는 핵심은 기술 자체의 우수성이 아니라, 그 도구가 자신의 목적 달성에 얼마나 기여하는지에 대한 인지적 확신에 있습니다.

(2) 디지털상 리액션을 통한 '심리적 현존감' 강화

온라인 공간에서는 보이지 않는 곳에서 누군가가 나를 지지하고 있다고 느끼게 하는 것이 무엇보다 중요합니다.

- 어떻게 할까요?

좋아요, 하트, 댓글 칭찬을 조직의 공식적인 문화로 만드세요. 작은 피드백 하나가 참여자에게 '나는 혼자가 아니다'라는 연결감을 주고, 이는 오프라인보다 더 빠른 학습과 몰입을 만들어냅니다.

- 그 속의 원리

'사회적 현존감(Social Présence)' 이론입니다. 가상 공간에서 타인이 실제 사람으로 느껴지는 정도가 높을수록 소통의 질과 만족도가 상승합니다. 디지털 리액션은 이 사회적 현존감을 물리적으로 증명하는 가장 강력한 수단입니다.

이타적 성장

(3) '빈도'를 높이는 참여 주도형 루틴 구축

강력한 한 번의 미팅보다, 짧더라도 자주 연결되는 시스템을 설계하세요.

- **어떻게 할까요?**

  매일 아침 사진 인증이나 한 줄 소감 나누기 같은 단순하고 반복적인 루틴을 만드세요. 실시간(동기식) 미팅과 상시 게시판(비동기식) 소통을 적절히 섞어 각자의 속도에서 기여할 틈을 주어야 합니다.

- **그 속의 원리**

  '단순 노출 효과(Mere Exposure Effect)'입니다. 디지털을 통해 접촉 빈도가 높아질수록 상대에 대한 호감과 신뢰가 쌓입니다. 루틴은 이 접촉 빈도를 시스템화하여 느슨한 연대를 단단한 결속으로 바꿉니다.

──────── 나를 깨우는 질문 ────────

- 나는 지금 디지털 도구를 단순한 정보 전달 수단으로 보나요, 아니면 따뜻한 관계의 통로로 보나요?
- 새로운 온라인 도구를 마주했을 때, 완벽하게 익히려는 강박을 내려 놓고 '목표를 위해 놀듯이' 시도하고 있나요?
- 나의 관심을 상대에게 전하기 위해 디지털 채널의 '빈도'를 충분히 활용하고 있나요?

[Action Idea]

──────── 1일 1하트 실천하기 ────────

오늘 당신이 속한 온라인 단톡방이나 커뮤니티에서 동료의 글에 진심 어린 격려와 하트 이모티콘을 남겨보세요. '정말 공감되는 글입니다'라 는 짧은 인정 한마디가 차가운 디지털 세상에 당신의 온기를 불어넣는 시작이 될 것입니다.

시작 비용을 줄이는 몰입의 기술 :
망설임의 에너지를 행동의 마중물로

무언가를 시작할 때 유독 긴 시간이 걸리는 사람들이 있습니다. 제가 과거 공부의 신 캠프에서 학생들에게 시간 관리 강의를 할 때 가장 강조했던 부분도 바로 이 '시작'에 관한 것이었습니다. 당시 저는 공부할 수 있는 환경을 조성해야 한다고 역설했는데, 그 본질적인 목적은 바로 '시작 비용(Starting Cost)'을 줄이는 데 있습니다. 시작 비용이란 어떤 일을 본격적으로 수행하기 위해 초기에 소모되는 심리적, 물리적 에너지의 총량을 의미합니다. 책상 정리를 하거나, 어떤 펜을 쓸지 고민하는 시간이 길어질수록 시작 비용은 기하급수적으로 늘어납니다.

물론 철저한 준비와 정교한 계획은 중요합니다. 하지만 문제는 '생각만 하는 것'과 '준비라는 핑계로 시작을 미루는 것'입니다. 우리가 걱정하는 대부분의 문제는 상상 속에만 존재하며, 현실의 진짜 문제는 일단 시작해 봐야만 그 실체를 알 수 있습니다. 누군가를 돕는 일도, 문제를 해결하는 이타적 성장도 너무 많은 고민에 빠져 있기보다 일단 발을 내디딜 때 새로운 답이 보입니다. 시작했다면 최선을 다하되, 할 수 없는 일이라면 빠르게 머릿속에서 지우는 지혜가 필요합니다. 할 수 있고 해야 하는 일이라면, 최대한 빨리 시작하는 것이 성장에 가장 빠른 길입니다.

[Case]
세바시 소사이어티, '지금 여기'의 핵심에 집중할 때 열리는 길

성장하고 나누는 커뮤니티의 힘을 믿어온 저에게 세바시 구범준 대표님과 함께한 '세바시 소사이어티' 구축 프로젝트는 큰 도전이었습니다. 세바시 강연의 가치를 현장의 실천으로 연결하는 거대한 연대의 장을 만드는 일이었기에 기획의 무게감은 상당했습니다. 처음에는 '실패하면 안 된다'라는 강박과 완벽한 커리큘럼을 짜야 한다는 부담감 때문에 할 일 목록(To-do list)의 '미해결 과제' 칸에만 머물러 있었습니다.

고민 끝에 제가 선택한 전략은 '시작 비용'의 강제적 절감이었습니다. 거창한 미래의 청사진 대신 '지금 여기(Here & Now)'에 집중하기로 했습니다. 이 프로젝트에서 가장 중요하고 시급한 본질이 무엇인지 자문했고, 답은 명확했습니다. 커뮤니티를 이끌어갈 리더를 모집하고 그들이 원활하게 활동할 수 있도록 돕는 시스템을 구축하는 것이었습니다. 그래서 즉시 모집 공지를 올리는 것부터 시작했습니다. 실제 업무가 시작되자 머릿속을 맴돌던 막연한 불안은 구체적인 해결 과제들로 바뀌었습니다.

여기서 중요했던 것은 디자인 씽킹(Design Thinking)의 '반복(Iterate)' 원리였습니다. 100페이지짜리 완벽한 기획서를 만드는 데 시간을 쓰는 대신 일단 핵심 기능을 담은 프로토타입을 실행하고 현장의 반응을 보며 수정해 나가는 방식을 택했습니다. 리더들이 활동하며 겪는 어려움을 실시간으로 파악하고, 그 피드백을 즉시 다음 워크숍 자료와 운영 가이드에 반영했습니다. 한 번에 정답을 맞히려는 '발표'의 관점이 아니라, 끊임없이 대안을 찾고 보완해 나가는 '실험'의 관점으로 접근한 것입니다. 시작하지 않았더라면 알 수 없었을 현장의 세세한 니즈들을 이 반복적인 과정을 통해 정교하게 채워나갈 수 있었습니다. 준비가 완벽해야 결과가 좋다는 생각은 때로 시작을 가로막는 가장 큰 적이 됩니다. 실력과 노력을 믿는다면, 일단 핵심 과제부터 실행에 옮기고 그 과정에서 답을 찾아가는 것이 가장 확실한 전문가의 문법입니다.

[Skill]
시작 비용을 최소화하는 '퀵 스타트' 기술

시작 비용을 줄이는 것이 몰입으로 가는 가장 빠른 지름길입니다. 완벽한 준비보다 핵심 과제부터 실행에 옮기고, 그 과정에서 답을 찾아가는 것이 전문가의 문법입니다.

(1) 환경 설정을 통한 '시작 버튼' 단순화

시작하기 위해 고민해야 하는 단계를 최소한으로 줄여야 합니다.

- **어떻게 할까요?**

  업무를 시작할 때 도구를 고르거나 책상을 정리하는 데 에너지를 쓰지 마세요. 전날 밤 다음 날 바로 시작할 수 있는 환경을 미리 세팅해 두는 것이 좋습니다. '무엇부터 할까?' 고민하지 않도록 업무의 첫 단추를 아주 작은 행동으로 정의하세요.

- **그 속의 원리**

  심리학의 '인지적 부하(Cognitive Load)' 이론입니다. 인간의 의지력은 유한한 자원입니다. 시작 전 사소한 결정에 에너지를 쓰면 정작 본 업무에 쓸 의지력이 고갈됩니다. 환경 설정은 이 인지적 부하를 제거하여 뇌가 곧바로 몰입 상태로 진입하게 돕습니다.

(2) 완벽주의를 대체하는 '반복(Iterate)' 기법

한 번에 정답을 찾으려 하지 말고, 빠르게 프로토타입을 만들어 수정해 나가세요.

- **어떻게 할까요?**

  전체 기획안을 다 짠 뒤에 움직이려 하지 말고, 가장 본질적인 핵심 과제부터 먼저 실행에 옮기세요. 실행-피드백-수정의 주기를 짧게 반복하며 해결책을 정교하게 다듬어가는 과정이 결과적으로 훨씬 더 살아있는 결과물을 만듭니다.

- **그 속의 원리**

'디자인 씽킹의 점진적 개발(Incremental Development)' 원리입니다.

복잡한 문제는 머릿속 기획만으로는 해결되지 않습니다. 빠르게

실행하고(Prototype) 실패하며 수정을 반복하는(Iterate) 과정이 반복될

때, 이론적 완벽함을 넘어선 실질적인 해결책이 탄생합니다.

- 나는 지금 결과의 완벽함을 고민하고 있나요, 아니면 시작의 용기를 고민하고 있나요?

- 내가 하고 있는 이 고민은 실행을 위한 준비인가요, 아니면 시작을 늦추기 위한 방어기제인가요?

- 이 프로젝트에서 '지금 여기' 내가 당장 시작할 수 있는 가장 핵심적인 한 가지는 무엇인가요?

[Action Idea]
──── 5분 시작의 법칙 실천하기 ────

오늘 해야 할 리스트에 있는 골치 아픈 일 하나를 골라 딱 5분만 타이머를 맞추고 아무 생각 없이 시작해 보세요. 그 5분 동안 가장 미뤄왔던 일의 첫 문장이나 첫 단추만 끼워보는 것입니다. 일단 시작하면 뇌는 '미완성 효과'에 의해 그 일을 끝마치고 싶은 몰입 상태로 당신을 안내할 것입니다.

지속 가능한 조력을 위한 거절의 미학 :
'No'가 만드는 최고의 'Yes'

우리는 흔히 '거절'을 나쁘거나 부정적인 행위로 오해하곤 합니다. 누군가의 요청을 거절하면 내가 나쁜 사람이 되거나, 상대의 문제를 외면하는 것 같아 죄책감을 느끼기도 하죠. 하지만 성숙한 전문가의 거절은 결코 관계 단절 선언이 아닙니다. 오히려 문제를 더 깊이 분석하고, 프로젝트의 본질적인 성공을 위해 더 나은 방향을 모색하는 전략적 선택입니다. 거절을 잘하는 사람들은 자신의 한계를 명확히 알고 있으며, 일시적인 호의보다 장기적인 결과물의 퀄리티를 우선순위에 둡니다.

전문가에게 거절은 주도성을 지키기 위한 필수 도구입니다. 감당할 수 없는 일정을 수락하는 것은 결국 상대에게 민폐를 끼치는 일이며, 나 자신의 에너지를 소모해 조력의 지속가능성을 해치는 행위입니다. 눈앞의 유혹이나 착한 사람이 되고 싶은 욕심을 이겨내고, "아니오."라고 말할 수 있을 때 비로소 우리는 진정으로 상대를 도울 수 있는 자격을 갖추게 됩니다. 잘된 거절은 갈등을 낳는 것이 아니라, 서로가 동의할 수 있는 새로운 대안과 조율의 시작점이 됩니다.

[Case]
어느 디자이너가 가르쳐 준 '조율'로서의 거절

과거의 저는 거절을 참 못하는 사람이었습니다. 다 해낼 수 있다는 근거 없는 자신감도 있었고, 누군가에게 실망을 주는 것이 두려운 '착한 사람 콤플렉스'도 있었죠. 그러다 보니 무리하게 일을 받았다가 마지막 순간에 주변에 민폐를 끼치는 일도 있었습니다. 그러던 중 실력 있는 외부 디자이너와 협업 미팅을 하게 되었습니다.

일정은 매우 빡빡했고 요구사항은 까다로웠습니다. 저는 당연히 그분이 수락할 것이라 믿고 제안했는데, 그 디자이너분은 제 설명을 다 듣고는 아주 정중하지만 명확하게 "그 일정 안에는 이 일을 맡을 수 없습니다."라고 거절하셨습니다. 그는 단호했습니다. "이 프로젝트가 성공하려면 최소한 이 정도의 작업 시간이 보장되어야 합니다. 지금의 일정으로는 소장님께 도움이 될 만한 퀄리티가 나올 수 없습니다."

그분의 거절은 차가운 거절이 아니라, 이 일이 정말 잘 되길 바라는 전문가의 진심 어린 조언이었습니다. 그는 덧붙였습니다. "저도 예전에는 밤을 새우며 다 들어드렸지만, 결국 남는 건 당연하게 여기는 클라이언트의 반응과 나빠진 건강뿐이더군요. 소장님도 자신을 도구로

소모하지 않으셨으면 합니다." 그 순간 번뜩 정신이 들었습니다. 사실 일정이 빡빡해진 원인은 클라이언트의 무리한 요청을 제가 여과 없이 "Yes."라고 받았기 때문이었습니다. 저는 즉시 클라이언트에게 연락해 일정을 조정했습니다. 거절이 아닌 '조율'을 선택한 것이죠. 결과적으로 충분한 시간을 확보한 덕분에 프로젝트는 훨씬 더 좋은 결과가 나왔고 매끄럽게 마무리되었습니다.

[Skill]
전문가의 품격을 지키는 '거절과 조율' 기술

전략적인 거절은 관계의 단절이 아니라, 더 나은 결과를 위한 전문가의 조율입니다.

(1) '거절 비용'을 줄이는 조기 정산(Fast No)

거절은 빠를수록 좋습니다. 미안함 때문에 대답을 미루는 시간 동안 상대방은 대안을 찾을 기회를 잃게 됩니다.

- **어떻게 할까요?**

  감당할 수 없는 요청이라는 판단이 서면 될 수 있는 대로 빠르게 답변하세요. "유감스럽게도 현재의 일정과 자원으로는 최상의 퀄리티를 보장하기 어렵습니다."라고 정직하게 말하는 것이 진정한 예의입니다.

- 그 속의 원리

    경제학의 '기회 비용(Opportunity Cost)' 개념입니다. 당신이 거절을 미루는 동안 상대방이 다른 전문가를 찾거나 대안을 마련할 수 있는 '기회'를 빼앗는 결과를 초래합니다. 빠른 거절은 상대의 기회 비용을 보전해 주는 이타적인 행위입니다.

(2) 거절을 '조율과 대안'으로 제안하기

단순한 "안 됩니다."는 거절이지만, "이런 방식이라면 가능합니다."는 전문적인 조율입니다.

- **어떻게 할까요?**

    안 되는 이유를 논리적으로 설명하고(시간, 자원 등) 대신 실현 가능한 대안을 제시하세요. "말씀하신 일정은 어렵지만, 핵심적인 이 부분부터 진행한다면 가능합니다."라고 제안할 때 당신은 주도적인 파트너가 됩니다.

- 그 속의 원리

    '전문가적 정직성(Professional Integrity)' 원리입니다. 할 수 없는 일을 할 수 있다고 말하는 것은 무책임한 친절입니다. 자신의 역량과 시간의 한계를 투명하게 공유하는 것은 상대와의 신뢰를 지키는 가장 기본적인 태도입니다. 정직한 한계 제시는 장기적인 파트너십의 단단한 기반이 됩니다.

[Self-Question]
─── 나를 깨우는 질문 ───

• 나의 선함을 증명하기 위해 거절해야 할 일들을 꾸역꾸역 쌓아두고 있지는 않나요?

• 나는 전문가로서 주도성을 가지고 상대와 일정을 조율하고 있나요, 아니면 무조건적인 수용으로 나를 소모하고 있나요?

• 내가 지금 거절하지 못해 안고 있는 이 일이 결과적으로 상대에게 도움이 될까요, 아니면 피해가 될까요?

[Action Idea]
─── 빠른 거절 메시지 보내기 ───

지금 내가 감당하기 어려운 요청이나 미뤄둔 거절 하나를 골라보세요. 그리고 정중하지만 명확하게 메시지를 보내보세요. "유감이지만 현재 저의 상황으로는 최상의 도움을 드리기 어렵습니다. 대신 대안을 고려해 보시면 어떨까요?" 그 즉시 당신과 상대방 모두가 새로운 대안을 찾을 수 있는 시간적 여유를 얻게 될 것입니다.

48

실패를 공유할 때 생기는 연대의 에너지 :
100점의 한계를 넘어 110점으로 가는 길

인공지능(AI) 기술이 비약적으로 발전함에 따라 이제 누구나 100점 만점에 95점 이상의 수준 높은 결과물을 손쉽게 만들어낼 수 있는 시대가 되었습니다. 지식의 상향 평준화가 이루어지면서 전문가의 '진짜 실력'과 '진짜 경쟁력'이 무엇인지에 대한 고민도 깊어지고 있습니다. 조직 역시 AI를 활용해 더 적은 인력으로 더 많은 일을 처리하게 되면서 단순히 95점짜리 답안지에 안주하는 전문가들은 살아남기 어려운 환경이 되었습니다.

AI 기반으로 일하는 사람들은 기존 방식에 약간의 디테일과 노하우를 더해 100점짜리 답을 만들고 만족하곤 합니다. 물론 그것도 훌륭한 성과입니다. 하지만 지금 우리가 지향해야 할 방향은 100점이라는 기존의 한계를 넘어 110점, 200점, 그리고 300점짜리 답을 찾아내는 것입니다. 한계를 두지 않고 새로운 창의성을 발휘하며, 불필요한 관성을 제거하고 압도적인 생산성을 만들어내야 합니다. 그리고 이 과정에서 우리는 필연적으로 '실패'를 마주하게 됩니다.

과거 SK하이닉스에서 '현장 혁신 챔피언'으로 선정된 한 전문가의 수상 소감이 기억납니다. 그는 고난도의 기술적 과제를 해결한 공을 자신에게 돌리지 않았습니다. 대신 "이번 열매를 맺을 수 있었던 것은 과거에 실패했던 수많은 선배가 남겨준 실패의 기록들 덕분입니다."라고 말했습니다. 선배들이 자신의 실패를 부끄러워하지 않고 공유했기에 결실을 본 것이죠. 그것을 기반으로 만족할 수 있는 100점을 넘어선 미지의 영역을 탐구할 때 비로소 진짜 변화가 시작됩니다.

[Case]
인생 최악의 강의 평가가 가져다준 110점의 파트너십

저는 실패를 극도로 싫어하는 사람이었습니다. 전문가에게 실패는 곧 무능함의 증거라 믿었기에 늘 검증된 안전한 선택만 반복하며 95점짜리 성과에 안주하곤 했습니다. 그러던 중 한 기업의 리더십 과정을 진행하며 인생 최악의 순간을 맞이했습니다. 실수를 하지 않으려 익숙한 프로그램을 준비했지만, 결과는 참담했습니다. "재미는 있지만 실무적이지 않다."는 혹평과 함께 제 인생에서 가장 낮은 점수를 받은 것입니다.

2주 뒤에 예정된 다음 교육을 생각하니 눈앞이 캄캄했습니다. 하지만 그때 문득 깨달았습니다. '지금이야말로 내가 말해온 연대와 도움의 가치를 직접 증명해야 할 때다.' 부끄러움을 무릅쓰고 평소 가깝게 지내던 클라이언트사의 다른 리더에게 전화를 걸어 이 실패 상황을 정직하게 공유했습니다. 감사하게도 그분은 기꺼이 시간을 내어 제 사무실로 찾아오셨습니다.

그분은 현장의 언어로 왜 리더들이 그런 불만을 가졌는지 상세히 설명해 주셨고, 실질적인 대안을 함께 고민해 주셨습니다. "나도 전문가님께 도움을 줄 수 있는 사람이 된 것 같아 뿌듯합니다."라는 그분의 말은 저에게 큰 위로와 용기가 되었습니다. 현장의 인사이트가 더해져 완전히 새로워진 2회차 교육은 아주 높은 찬사를 받으며 마무리되었습니다. 제가 실패를 감추지 않고 '초대장'으로 내밀었기에, 클라이언트였던 이와의 관계는 단순한 계약 관계를 넘어 함께 문제를 해결하는 110점의 진정한 동역자로 격상되었습니다.

[Skill]
실패를 200점의 기회로 바꾸는 취약성 공유 기술

실패를 공유하는 용기가 100점의 한계를 넘어서는 집단 지성을 만듭니다. 취약함을 드러내는 순간, 타인의 지혜가 들어올 공간이 생깁니다.

(1) 실패의 즉각적 공유와 '도움의 공간' 만들기

실패를 인지한 순간 혼자 해결하려 애쓰지 마세요. 당신의 취약함을 드러내는 행위가 상대방에게는 기여할 수 있는 기회가 됩니다.

- **어떻게 할까요?**

"제가 이번에 이런 부분에서 실패했습니다. 더 좋은 방향을 찾고
싶은데 당신의 지혜가 필요합니다."라고 솔직하게 손을 내미세요.
완벽함의 가면을 벗을 때 비로소 타인의 지혜가 들어올 공간이 생
깁니다.

- **그 속의 원리**

'취약성의 힘(Power of Vulnerability)' 원리입니다. 리더나 전문가가 자
신의 불완전함을 정직하게 드러낼 때 구성원들의 심리적 안전감
이 높아지며, 이는 곧 집단 지성이 발휘되어 기존의 한계를 넘어서
는 강력한 연대로 이어집니다.

(2) 실패 데이터의 자산화(Failure Legacy)

실패를 깎인 점수로 보지 말고, 다음 세대를 위한 마중물로 정의하세요.

- **어떻게 할까요?**

실패의 과정을 꼼꼼히 기록하고 공유하세요. 무엇이 문제였는지,
그 과정에서 배운 것은 무엇인지 투명하게 공개할 때, 그 데이터는
100점 이상의 완성도를 향해 가는 팀의 공동 자산이 됩니다.

- **그 속의 원리**

'심리적 소유감(Psychological Ownership)'입니다. 실패의 과정과 배움

을 함께 공유한 팀원들은 프로젝트 결과물을 '우리의 것'으로 강하게 인식하게 됩니다. 이는 AI가 흉내 낼 수 없는 인간만의 고차원적 협업 방식입니다.

(3) 핑계 없는 수용과 정직한 피드백(No Excuses)

실패 앞에서 상황을 합리화하기보다 본질적인 문제를 직면하는 담백한 태도를 유지하세요.

- **어떻게 할까요?**

  낮은 평가나 실패를 마주했을 때 "상황이 이래서 어쩔 수 없었다." 는 핑계를 버리세요. "부족했습니다. 어떻게 하면 더 도움이 될까요?"라고 묻는 정직함이 상대방으로 하여금 더 적극적으로 당신을 돕게 만드는 최고의 무기가 됩니다.

- **그 속의 원리**

  '성장 사고방식(Growth Mindset)'입니다. 실패를 고정된 능력이 아닌 학습의 과정으로 받아들이는 태도는 전문가의 회복 탄력성을 높이며, 상대에게 '이 전문가는 결국 답을 찾아낼 사람'이라는 강력한 신뢰를 줍니다.

- 나는 지금 95점짜리 안전한 선택에 안주하고 있나요, 아니면 실패를 무릅쓰고 200점의 길을 가고 있나요?

- 실패했을 때 그것을 숨기기에 급급한가요, 아니면 도움을 줄 수 있는 사람들에게 정직한 초대장을 보내나요?

- 동료나 클라이언트의 도움을 받았을 때, 그것이 나의 무능함이 아닌 '함께 완성해 가는 과정'임을 믿고 감사할 수 있나요?

오늘 당신이 풀지 못하고 있는 문제나 최근의 작은 실수 하나를 골라 동료에게 슬쩍 말해 보세요. "이 부분에서 제가 답을 못 찾고 있는데, 혹시 어떤 생각이 드시나요?"라고 가볍게 손을 내미는 것만으로도 당신의 프로젝트는 100점을 넘어 110점으로 가는 새로운 에너지를 얻게 될 것입니다.

다음 세대를 세우는 멘토링과 마중물의 역할 :
도움을 전하고 인내로 지켜보는 법

29살이라는 이른 나이에 강의를 시작했던 저에게는 성장의 결정적 디딤돌이 되어준 스승들이 있었습니다. 특히 책 『강의력』의 저자인 폴앤마크 최재웅 대표는 저에게 강의의 본질과 전문가의 태도를 몸소 보여준 최고의 멘토였습니다. 그의 발성과 판서, 사고의 흐름을 관찰하고 모방하며 저는 비로소 전문가의 꼴을 갖출 수 있었습니다. 이제 저는 그 전문가의 모습으로 또 다른 전문가를 육성하고 진짜 성공을 일궈내기 위해 부단히 노력하고 있으며, 이제 또 다른 시작을 꿈꾸고 있습니다. 그리고 그 시작의 중심에는 제가 누군가에게 실질적인 도움을 주며 함께 성장하는 멘토링이 자리하고 있습니다.

멘토링은 한 사람의 인생에 성장의 마중물을 붓는 행위입니다. 마중물은 펌프질을 시작하기 위해 먼저 붓는 한 바가지의 물을 뜻합니다. 그 자체가 샘물은 아니지만, 그 자극이 있어야만 지하 깊은 곳에 잠들어 있던 물이 비로소 터져 나올 수 있습니다. 멘토는 멘티를 대신해 인생을 살아주는 사람이 아닙니다. 멘티 내면의 잠재력이 스스로 터져 나오도록 돕는 일시적인 자극제여야 합니다. 멘토가 멘티의 삶과 방식까지 통제하려 드는 순간, 마중물은 오히려 성장을 방해하는 걸림돌이 되고 맙니다.

[Case]
방식의 차이를 인정하며 얻은 기다림의 깨달음

저는 일을 할 때 먼저 혼자 생각하고 논리를 정리한 후, 사람들과 대화하며 개발하는 방식이 가장 전문적이고 효율적이라고 믿는 사람입니다. 전문적인 내용일수록 스스로 충분히 고민하는 시간이 필요하다고 생각하기 때문입니다. 그래서 제 멘티에게도 항상 깊이 있는 홀로서기의 시간을 먼저 가질 것을 강조했습니다.

하지만 제 멘티는 저와 결이 완전히 달랐습니다. 그는 혼자 파고드는 공부보다 다른 사람과 끊임없이 대화하고 연결하며 그 과정에서 배우는 방식을 선호했습니다. 처음에는 제 기준에서 그것이 매우 비효율적으로 보였습니다. 충분한 자기 논리 없이 다른 사람의 의견부터 듣는 것이 시간 낭비처럼 느껴졌기 때문입니다. 하지만 시간이 흐른 뒤 알게 되었습니다. 그 친구는 다른 사람과의 대화를 통해 마음의 기준을 차근차근 쌓아가고 협업을 통해 결과물을 만들어내는 방식에 특화되어 있었습니다. 제가 비효율이라 생각했던 방식이 그에게는 최적의 효율이었던 셈입니다.

결국 사람은 각자의 방식대로 성장하게 되어 있습니다. 제가 할 일은 제 방식을 주입하는 것이 아니라, 그가 선택한 성장 과정을 묵묵히 지켜보는 것이었습니다. 제 눈에는 뻔히 보이는 지름길이 있어도 멘티가 자기 방식대로 멀리 돌아가는 것을 인내하며 지켜보았을 때, 그는 비로소 독립된 전문가로 성장할 수 있었습니다. 멘토링은 상대를 내가 원하는 모양으로 빚는 과정이 아니라, 상대가 자기 방식대로 살아갈 힘을 길러주는 기다림의 기술이었습니다.

[Skill]
독립적인 성장을 돕는 전략적 멘토링 기술

멘토링의 본질은 답을 바로 주는 것이 아니라, 멘티가 자신의 방식대로 설 수 있도록 기다리는 것입니다.

(1) 구조화된 멘토링 시스템 설계

막연한 선의보다 명확한 규칙이 멘티의 심리적 안전감과 성장을 보장합니다.

- **어떻게 할까요?**

기간(예 : 3개월), 만남의 주기, 소통 채널, 그리고 반드시 완수해야 할 과제를 사전에 합의하세요. 사적인 영역보다는 커리어와 역량 개발이라는 목표에 집중할 때 관계의 전문성이 유지됩니다.

- 그 속의 원리

심리학의 '심리적 계약(Psychological Contract)' 이론입니다. 상호 간의 기대치와 규칙이 명확히 명시될 때 신뢰 관계가 형성되며, 불필요한 에너지 소모 없이 공동의 목표에 집중할 수 있는 몰입 환경이 조성됩니다.

(2) 인지적 다양성을 존중하는 기다림

멘티의 학습 방식이 나의 성공 방식과 다르더라도, 그 효율성을 인정하고 지켜봐야 합니다.

- 어떻게 할까요?

멘티가 나의 정답이 아닌 자신의 오답을 선택하더라도 즉시 교정하려 들지 마세요. 결정의 근육은 직접 써봐야 강해집니다. "나라면 이렇게 하겠지만, 당신의 방식대로 했을 때 어떤 결과가 나올지 함께 지켜봅시다."라고 말하며 멘토의 거리를 유지하세요.

- 그 속의 원리

'자기주도 학습(Self-Directed Learning)' 원리입니다. 학습자가 스스로 목표를 설정하고 전략을 선택하는 과정에서 시행착오를 겪을 때 학습 효과는 극대화됩니다. 멘토의 성급한 개입은 멘티의 문제 해결 능력을 약화하는 결과를 초래합니다.

(3) 멘토에서 파트너로의 관계 전환

멘토링의 종착역은 멘티를 나로부터 독립시키는 것입니다.

- **어떻게 할까요?**

  멘토링 기간이 끝나면 수직적 관계를 종료하고 대등한 전문가 파트너로 관계를 재정의하세요. 나중에는 서로의 등을 맡길 수 있는 든든한 동료가 되어 시너지를 만드는 것을 목표로 삼아야 합니다.

- **그 속의 원리**

  '상호적 멘토링(Reciprocal Mentoring)'입니다. 멘티가 성장함에 따라 멘토 또한 멘티의 새로운 시각과 기술로부터 배우는 선순환이 일어납니다. 독립은 단절이 아니라 더 큰 가치를 만들기 위한 고도화된 연대의 시작입니다.

──── 나를 깨우는 질문 ────

- 나는 지금 멘티를 내가 원하는 모습으로 통제하고 있나요, 아니면 그가 자신의 방식대로 설 수 있게 돕고 있나요?

- 나는 멘티의 '비효율적으로 보이는 시도'를 지켜봐 줄 수 있는 인내심을 가지고 있나요?

- 나는 멘티가 나의 자리를 위협한다고 느끼나요, 아니면 나의 지도를 통해 더 멀리 보게 된 것에 보람을 느끼나요?

[Action Idea]
──── 나의 스승을 찾고, 누군가의 스승이 되어주기 ────

오늘 성장의 방향을 잃었다고 느낀다면, 당신의 멘토에게 짧은 안부 메시지를 보내 감사함을 표현해 보세요. 그리고 동시에 당신의 도움이 필요한 후배에게 먼저 다가가 "네가 고민하는 그 부분, 내가 도울 수 있는 게 있다면 기꺼이 들어줄게."라고 손을 내밀어 보시기 바랍니다.

이타적 성장의 끝은 결국 사랑이다 :
모든 문제의 시작이자 유일한 해결책

심리학자 에리히 프롬(Erich Fromm)은 그의 저서 『사랑의 기술』에서 '사랑은 인간 존재의 문제에 대한 유일하고도 만족스러운 대답'이라고 말했습니다. 세상의 수많은 갈등이 사랑의 결핍에서 시작된 것처럼 그 모든 복잡한 문제를 풀어내는 유일한 열쇠 역시 결국 사랑입니다. 특히 누군가를 돕고자 하는 이타적인 마음의 뿌리를 거슬러 올라가면 그곳에는 반드시 사랑이 자리 잡고 있습니다. 우리가 이타적 성장을 멈추지 않는 이유는 단순히 더 유능해지기 위해서가 아닙니다. 내가 사랑하는 대상이 더 나은 삶을 살길 바라는 그 간절한 마음이 우리를 움직이게 만드는 것입니다.

우리는 세상의 모든 사람을 다 사랑할 수는 없습니다. 하지만 유독 내 마음이 머물고, 왠지 모를 측은지심이 강하게 일어나는 곳이 있습니다. 바로 그곳이 당신의 전문성이 필요한 곳이며 당신이 존재해야 할 자리이입니다. 사랑은 대상을 소유하거나 조종하는 것이 아니라, 그가 스스로 빛날 수 있도록 돕고 나 역시 함께 자라나는 가장 고차원적인 연대입니다. 진정한 사랑은 대가를 바라지 않지만, 우리 삶을 가장 풍성한 행복으로 채워줍니다.

[Case]
완벽함을 바라는 치열한 관심, 피드백으로 증명하는 사랑

제가 강의를 시작하게 된 계기는 청소년들에 대한 깊은 사랑이었습니다. 그들이 일찍 진정한 꿈을 발견하고 당당한 삶의 주인으로 살아가길 바랐죠. 하지만 더 깊이 들여다보니 그 마음의 기저에는 어린 시절 충분히 보살핌받지 못했던 나에 대한 보상 심리와 측은지심이 있었습니다. 과거의 나를 사랑하는 마음이 현재의 청소년들을 사랑하는 동력이 된 셈입니다.

그래서 청소년들을 위한 학습법 프로그램을 개발할 때도 '어린 시절의 나에게 어떤 이야기를 전해주면 가장 큰 힘이 될까?'를 끊임없이 고민하며 사랑의 마음으로 내용을 설계했습니다. 그 진심이 닿았는지 아이들은 제 강의에 깊이 몰입해 주었고, 저 역시 아이들의 아주 사소한 눈빛이나 행동 변화까지 예민하게 알아챌 수 있었습니다. 시간이 흘러 성인 학습자를 대상으로 하는 기업 강의와 비즈니스 영역을 중심으로 활동하는 지금도 대상이 달라졌을 뿐 그 본질적인 마음은 동일하게 이

어지고 있습니다.

이 사랑의 마음은 비즈니스의 영역에서도 강력한 힘을 발휘합니다. 저는 제가 컨설팅하는 클라이언트의 브랜드를 진심으로 사랑하려고 노력합니다. 하지만 제가 생각하는 사랑은 무조건적인 수용이 아닙니다. 대상이 더 좋아지기를 바라는 마음으로 끊임없이 고민하고, 더 좋은 답을 찾을 수 있도록 돕는 치열한 관심입니다.

그래서 저는 제가 강의하는 곳이나 협업하는 기관의 소셜 미디어와, 홍보 자료를 수시로 챙겨 봅니다. 단순히 공부 차원을 넘어 내가 사랑하는 브랜드가 세상에 완벽한 모습으로 비치길 바라는 마음 때문입니다. 자료에서 오타나 잘못된 정보, 혹은 브랜드 이미지에 우려가 될 만한 내용을 발견하면 최대한 빠르게 피드백을 보냅니다. '돈을 받았으니 이만큼 한다'는 비즈니스적 마인드로는 결코 할 수 없는 일들입니다. '내가 사랑하는 이 브랜드가 세상에서 가장 빛나야 한다'는 애착이 있을 때, 솔루션은 비로소 영혼을 갖게 됩니다. 진심으로 사랑하면 눈이 달라지고 행동이 달라지며, 그 세밀한 피드백이 압도적인 성과로 이어지는 기적을 저는 매일 현장에서 목격하고 있습니다.

[Skill]
비즈니스를 예술로 만드는 사랑의 기술

이타적 성장의 모든 동력은 결국 사랑에서 시작 됩니다.

(1) 측은지심의 안테나 세우기

당신의 마음이 유독 아프게 반응하는 곳이 어디인지 살피세요.

- **어떻게 할까요?**

  남들은 무심히 지나치지만 나는 유독 불편함을 느끼거나 안타까움을 느끼는 대상을 찾으세요. 그 슬픔과 측은지심이 당신의 전문성을 가장 가치 있게 꽃피울 소명의 자리입니다.

- **그 속의 원리**

  '공감적 배려(Empathic Concern)'의 원리입니다. 타인의 고통을 자신의 것처럼 느끼는 공감은 강력한 행동 동기를 유발합니다. 이 순수한 에너지가 전문성과 결합할 때, 단순한 용역을 넘어선 진정성 있는 가치가 창출됩니다.

(2) 적극적 모니터링과 피드백

사랑은 대상이 더 나은 상태가 되도록 돕는 구체적인 행동으로 증명되어야 합니다.

- **어떻게 할까요?**

  상대의 결과물이나 소통 채널을 수시로 살피세요. 오타나 정보 오류처럼 작은 디테일부터 브랜드 방향성까지 더 좋아질 수 있는 지점을 찾아 기꺼이 피드백하세요. 무조건적인 칭찬보다 '더 잘되길 바라는 진심 어린 조언'이 상대의 성장을 돕는 진짜 사랑입니다.

- 그 속의 원리

  '탁월성에 대한 헌신(Commitment to Excellence)'입니다. 사랑하는 대
  상의 성취를 나의 성취로 인식할 때 나타나는 현상입니다. 이러한
  치열한 피드백 루프는 전문가와 상대 간의 심리적 결속을 강화하
  고 결과물의 품질을 최고 수준으로 끌어올립니다.

(3) 소유하지 않는 사랑(Detachment)

상대가 독립된 존재로서 스스로 빛날 수 있도록 돕는 것이 전문가의 최
종 목표입니다.

- **어떻게 할까요?**

  내가 도움을 주었다고 해서 상대를 소유하거나 나의 방식대로 조
  종하려 들지 마세요. 진정한 사랑은 나의 도움 없이도 상대가 잘되
  는 모습을 보며 진심으로 기뻐하는 것입니다. 독립된 성장을 응원
  하는 마음이 이타적 성장의 정점입니다.

- 그 속의 원리

  에리히 프롬의 '생산적 사랑(Productive Love)' 원리입니다. 사랑은
  상대의 생명과 성장을 돌보는 행위이며, 이는 상대의 주체성을 인
  정할 때 완성됩니다.

[Self-Question]
—— 나를 깨우는 질문 ——

- 나는 지금 내가 돕는 대상을 진심으로 사랑하고 있나요, 아니면 단순히 해내야 할 '과업'으로만 대하고 있나요?
- 내가 건네는 피드백은 상대의 잘못을 지적하기 위함인가요, 아니면 상대가 더 완벽해지길 바라는 '사랑' 때문인가요?
- 내가 도움을 준 대상이 나의 기대와 다르게 행동할 때도 여전히 그를 응원하고 존중할 수 있나요?

[Action Idea]
—— '팬심' 섞인 세밀한 피드백 전하기 ——

오늘 당신이 돕고 있는 상대나 동료의 작업물 하나를 골라 아주 꼼꼼히 살펴보세요. 그리고 그들이 놓쳤을지도 모르는 작은 디테일이나 더 좋아질 수 있는 지점을 찾아 따뜻하고 정중하게 메시지를 보내보세요. "이 영상 정말 좋은데, 뒷부분에 오타가 하나 있더라고요. 더 완벽하게 세상에 나왔으면 하는 마음에 연락드려요!"라는 한마디가 당신의 전문성에 사랑의 온기를 더해줄 것입니다.

[에필로그]

완벽이 아닌 성장을 선택한 당신에게 :
Practice makes Progress

우리는 완벽을 위해 태어나지 않았습니다

지난 50개의 장을 지나오며 당신의 마음속에는 어떤 파동이 일었나요? 누군가를 돕고 싶은 설렘이 피어오르기도 했을 것이고, 때로는 '내가 과연 잘할 수 있을까' 하는 두려움이 앞서기도 했을 것입니다. 이 책의 마지막 장까지 도착한 당신에게 제가 꼭 전하고 싶은 말이 있습니다.

흔히들 'Practice makes perfect(연습이 완벽을 만든다)'라고 말합니다. 하지만 저는 오랫동안 현장에서 사람들을 만나며 인생에 과연 도달해야 할 완벽이라는 지점이 존재하는지 의문을 품게 되었습니다. 완벽이라는 기준은 때로 우리를 시도조차 하지 못하게 가로막는 단단한 벽이 되기도 합니다. 그래서 저는 작가로서 그리고 조력자로서 제가 믿는 가치를 다시 정의했습니다.

'Practice makes Progress.'

연습과 시도는 우리를 완벽하게 만드는 것이 아니라, 어제보다 한 걸음 더 나아가게(Progress) 만듭니다. 우리는 완벽해지기 위해서가 아니라, 조금 더 나은 사람이 되어 타인에게 닿기 위해 오늘을 살아가는 것입니다.

정체기는 멈춤이 아니라 힘을 모으는 시간입니다

성장은 결코 완만하게 우상향하는 직선의 모양이 아닙니다. 계단을 오르듯 한참을 수평으로 걷는 정체기가 반드시 존재합니다. 아무리 노력해도 제자리걸음인 것 같고, 내 성장이 여기서 멈춘 것은 아닐지 불안해지는 그 시간 말입니다.

하지만 기억하십시오. 당신이 멈춰 있다고 느끼는 그 순간에도 당신의 내면에서는 보이지 않는 변화가 일어나고 있습니다. 계단의 수평 구간은 포기해야 할 때가 아니라, 다음 단계를 딛고 올라가기 위해 근육을 단련하는 시간입니다. 그 시간을 묵묵히 견뎌내면, 당신의 때가 왔을 때 어느덧 한 계단 껑충 올라가 있는 자신을 발견하게 될 것입니다.

성장의 뿌리, 나를 지탱해 준 사랑의 기록들

제가 오늘 이런 글을 쓸 수 있었던 것은 결국 저 역시 수많은 사람의 도움을 받았기 때문입니다. 부모님의 성실함을 보고 배우며 자랐고, 저를 믿고 아낌없이 지원해 주셨던 그 사랑이 지금의 제 자신감과 심리적 안정감의 토대가 되었습니다. 특히 이 책이 나왔을 때 가장 기뻐하셨을 것이고 지금도 하늘에서 미소 짓고 계실 할머니의 큰 사랑이 오늘의 저를 만들었습니다.

이타적 성장을 위해 진짜 제가 어떤 사람인지 알게 도와준 최고의 선생님이자 동반자인 아내를 통해 사람과 관계에 대해 치열하게 배우고 성장할 수 있었습니다. 또한 사랑하는 딸 하은이를 통해 조건 없는 사랑과 성장이 무엇인지를 매일 배웁니다. 가끔 성공한 사람들을 보면 안타깝게도 가족과의 관계에서 어려움을 겪는 경우를 봅니다. 저는 아주 감사하게도 가족들이 제 삶을 지탱해 주고 성장을 도와주었습니다.

일에만 매몰되거나 무언가를 이루는 것에만 집착하지 마십시오. 나도, 가족도, 그리고 우리가 모두 함께 행복할 수 있는 답을 찾는 것이 진정한 이타적 성장의 길임을 잊지 말아야 합니다.

이제 당신의 성장을 선물하십시오

이 책은 이제 닫히지만, 당신의 이타적 성장 이야기는 막 첫 문장을 시작했습니다. 당신의 성장을 혼자만 간직하지 마십시오. 더 길게 가기 위해, 그리고 함께 행복하기 위해 지금 당신의 이야기를 사람들에게 나누어 주십시오. 당신이 배운 것을 가르치고, 당신의 강점을 기꺼이 빌려주십시오. 그렇게 당신의 이타심을 세상에 발휘할 때, 당신은 가장 비약적으로 성장할 것입니다.

성장은 결과가 아니라 과정이며, 독점이 아니라 공유입니다. 당신이 누군가의 마중물이 되어줄 때, 세상은 조금 더 따뜻한 곳이 될 것입니다. 당신의 전진(Progress)이 누군가에게 다시 시작할 희망이 되기를 진심으로 응원합니다.

완벽하지 않아도 괜찮습니다. 당신은 이미 충분히 아름답게 나아가고 있습니다.

2026년 4월

저자 우명훈

이타적 성장 : 돕는 자가 앞서간다

초판 1쇄 발행   2026년 5월 1일

지은이   우명훈
펴낸이   김문경

책임편집   김문경
편 집   황지영
디자인   박정은
마케팅   장라윤
운영총괄   조안나

펴낸곳   도서출판 독
출판등록   2025년 9월 24일 제2025-000261호

홈페이지   dokk.kr
이메일   dokk@dokk.kr
인스타그램   @dokkpress
X   @dokkpress

ISBN   979-11-997037-0-4 (03190)